BestMasters

Mit „**BestMasters**" zeichnet Springer die besten Masterarbeiten aus, die an renommierten Hochschulen in Deutschland, Österreich und der Schweiz entstanden sind. Die mit Höchstnote ausgezeichneten Arbeiten wurden durch Gutachter zur Veröffentlichung empfohlen und behandeln aktuelle Themen aus unterschiedlichen Fachgebieten der Naturwissenschaften, Psychologie, Technik und Wirtschaftswissenschaften. Die Reihe wendet sich an Praktiker und Wissenschaftler gleichermaßen und soll insbesondere auch Nachwuchswissenschaftlern Orientierung geben.

Springer awards **"BestMasters"** to the best master's theses which have been completed at renowned Universities in Germany, Austria, and Switzerland. The studies received highest marks and were recommended for publication by supervisors. They address current issues from various fields of research in natural sciences, psychology, technology, and economics. The series addresses practitioners as well as scientists and, in particular, offers guidance for early stage researchers.

Patrick Dürnberger

Empirische Analyse zur Gewinnverteilung in Supply-Chains der Automotive-Industrie

Patrick Dürnberger
Bad Vigaun, Österreich

ISSN 2625-3577   ISSN 2625-3615 (electronic)
BestMasters
ISBN 978-3-658-39106-5   ISBN 978-3-658-39107-2 (eBook)
https://doi.org/10.1007/978-3-658-39107-2

Die Deutsche Nationalbibliothek verzeichnet diese Publikation in der Deutschen Nationalbibliografie; detaillierte bibliografische Daten sind im Internet über http://dnb.d-nb.de abrufbar.

Planung/Lektorat: Marija Kojic
Springer Gabler ist ein Imprint der eingetragenen Gesellschaft Springer Fachmedien Wiesbaden GmbH und ist ein Teil von Springer Nature.
Die Anschrift der Gesellschaft ist: Abraham-Lincoln-Str. 46, 65189 Wiesbaden, Germany

Kurzfassung

Im Rahmen dieser Masterarbeit wird mithilfe von Geschäftsberichtanalysen und Expert*inneninterviews erforscht, wie sich die Gewinne und damit verbunden der Erfolg entlang der Automotive-Lieferkette verteilt und wie sich die Struktur dieser Gewinnverteilung gestaltet. Zudem werden die Voraussetzungen zur Implementierung von Open Book Policy beziehungsweise Finanzdatentransparenz untersucht. Es wird ermittelt, welche Informationen entlang der Automotive-Lieferkette kommuniziert werden und welche Chancen und Risiken sich für Unternehmen im Falle einer Einführung von Open Book und Finanzdatentransprarenz ergeben.

Im Zuge der Geschäftsberichtsanalyse wurden Unternehmen in Rohstoff- und Teilelieferanten, Modul- und Systemlieferanten sowie Originale Fahrzeughersteller (Original Equipment Manufacturer, OEM) eingeteilt und Geschäftsdaten aus fünf Jahre von insgesamt 15 Unternehmen herangezogen und mit einem selbst entwickelten Kennzahlensystem, das sich am Du Pond-Schema anlehnte, ausgewertet. Zudem wurden 16 Expert*innen aus den Kategorien Rohstoff- und Teilelieferanten, Modul- und Systemlieferanten, OEM und Händler befragt und ihre Interviews anschließend nach Mayrings strukturierter Inhaltsanalyse ausgewertet.

Das Ergebnis zeigt, dass Unternehmen rund um die OEM am stärksten von deren Kontrollmechanismen, beispielsweise Open Book und Finanzdatentransparenz, betroffen sind. Unternehmen, die in der Lieferkette weiter vom Fahrzeughersteller entfernt sind, sind hiervon weniger beeinflusst und verhandeln im Gegensatz zu anderen Teilnehmern der Lieferkette Marktpreise. Folglich sind Rohstoff- und Teilelieferanten jene, die am restriktivsten mit Transparenz umgehen und entlang der Lieferkette am erfolgreichsten sind. Das bedeutet, dass jene Unternehmen, die ihre Daten teilen, weniger Erfolg entlang der Lieferkette haben.

Abstract

In this master thesis, business reports are analyzed and experts are interviewed to research how profits as well as the associated success are distributed along the automotive supply-chain and the structure of the profit distribution. In addition, the prerequisites for the implementation of an open book policy and financial data transparency are investigated and research is conducted into the information communicated along the automotive supply-chain as well as the opportunities and risks arising for companies with the implementation of an open book policy and financial data transparency. In the analysis of annual reports, companies are divided into raw material and parts suppliers, module and system suppliers, and original equipment manufacturers (OEM). Five years of annual reports of 15 companies are analyzed with a self-developed key figure system based on the Du Pond scheme. In addition, a total of 16 experts from the categories of raw material and parts suppliers, module and system suppliers, original equipment manufacturers (OEM) and dealers are interviewed and then evaluated according to Mayring's structured content analysis. The results show that companies around original equipment manufacturers (OEM) are most affected by their control mechanisms, such as an open book policy and financial data transparency. Companies further away from vehicle manufacturers are less affected and are able to negotiate market prices, unlike other participants in the supply-chain. Consequently, raw material and parts suppliers are the most restrictive with transparency and are also the most successful companies in the supply-chain. This suggests, that the companies in the supply-chain, that share their data, have less success than those who do.

Inhaltsverzeichnis

Abkürzungsverzeichnis

ASC   Automotive Supply Chain
CoS   Costs on Sales
EoCE   Earnings on Capital Employed
OEM   Original Equipment Manufacturer (Originaler Fahrzeughersteller)
SCC   Supply Chain Controlling
SoCE   Success on Capital Employed

Abbildungsverzeichnis

Tabellenverzeichnis

1.1   Problemstellung

Die hohe Dynamik und Komplexität von VUCA-Welten, also volatile, unsichere und komplexe Umwelten mit fehlenden Ursache-Wirkungszusammenhängen, stellt für Unternehmen in der Automobilbranche eine große Herausforderung dar. Um in solchen Umwelten langfristig bestehen zu können, ist es unabdingbar, Kooperationen mit anderen Unternehmen einzugehen. Oftmals erfolgt eine solche Zusammenarbeit entlang der Supply-Chain. Der Hersteller eines Fahrzeuges geht Partnerschaften mit seinen Lieferanten ein, wodurch am Ende alle Teilnehmer entlang der Supply-Chain profitieren (Ponte et al. 2016, 1020 ff.).

Reddy et al. beschreiben in ihrer Publikation die Teilnehmer einer Supply-Chain ausgehend vom Originalgerätehersteller. Demnach befinden sich darin auf Lieferantenseite die Rohmaterialhersteller, Komponentenlieferanten, Modullieferanten und der Hersteller selbst. Auf Kundenseite treten Händler und Endkunden auf (Reddy et al. 2021, 2). Kooperationen mit Lieferanten sollten basierend auf Transparenz, Vertrauen (Moyano-Fuentes, Sacristan-Diaz und Martinez-Jurado 2012, 1089) und Fairness mit allen Teilnehmern entlang der Supply-Chain erfolgen, um nachhaltig einen Vorteil daraus schöpfen zu können (Zheng et al. 2019, 105). Dahingehend spielt laut Gao, Sowlati und Akhtari die Offenlegung der eigenen Finanzdaten eine wesentliche Rolle. Anhand dieser Daten können Supply-Chain-Partner gegenseitig die Kosten- und Gewinnstruktur einsehen und gegebenenfalls Optimierungspotenziale identifizieren, indem sie ihr Know-how einbringen. In Bezug auf andere Branchen konnten Gao, Sowlati und Akhtari in ihrer Forschungsarbeit bestätigen, dass Kooperationen tatsächlich einen signifikant positiven Einfluss auf die gesamte Supply-Chain haben(Gao, Sowlati und Akhtari 2019, 9). Moyano-Fuentes, Sacristan-Diaz und Martinez-Jurado konnten diese Aussage belegen und ergänzten, dass deren Forschung ‚producer-driven‘ ausgerichtet ist und in dieser Betrachtung der Fahrzeughersteller typischerweise mit seinem Lieferanten verhandelt und dieser wiederum mit seinem. Diese Vorgehensweise soll dem Endkunden zugutekommen (Moyano-Fuentes, Sacristan-Diaz und Martinez-Jurado 2012, 1089).

Nikzad und Maryam fanden durch ihre Forschung heraus, dass intensives Open Book Management höheres Vertrauen und eine stärkere finanzielle Performance mit sich bringt, als wenn ein schwaches Open Book Management praktiziert wird (Nikzad, Maryam 2012, 343). Kajüter und Kulmala argumentierten, dass bei intensivem Wettbewerb der Druck zur Kostenreduktion besonders hoch ist. Wenn kurzfristig Kostensenkungen erforderlich werden, besteht beim Lieferanten die Angst, dass durch offene Bücher die Vertragspartner die Gewinn- und Kostenstruktur der Lieferanten untereinander vergleichen und die Beziehung mit den Schwächsten beenden. Die Option zusätzlicher Geschäftsmöglichkeiten und der wirtschaftliche Trend haben einen Einfluss darauf, wie intensiv Open Book Policy betrieben wird. Darüber hinaus gaben Kajüter und Kulmala an, dass die Unternehmensgröße ebenfalls eine Rolle beim Open Book Accounting spielen. Größere Unternehmen besitzen durch höhere Investitionen in ihre Rechnungslegungssysteme zuverlässigere Daten und können daher eher ihre Gewinn- und Kostenstruktur zur Verfügung stellen (Kajüter, Kulmala 2005, 198).

Gu, Guo und Su argumentierten in ihrer Arbeit, dass Informationsasymmetrien zwischen den Kooperationspartnern, unklare Intentionen und Aktivitäten sowie unklare Charakteristika die Principal-Agent-Theorie aufrufen, die diese Situation behandelt. Dahingehend ist offen, welche Motivationsfaktoren solche Kooperationen für potenzielle Teilnehmer haben und weshalb sie ihre Finanzdaten untereinander teilen sollten. Zusätzlich ist nicht erwiesen, unter welchen Voraussetzungen ein solcher Austausch erfolgen kann. Die Antwort auf die Frage, ob tatsächlich alle Informationen weitergegeben werden und wie weit sich die einzelnen Partner untereinander Vertrauen schenken und fair miteinander umgehen, kann Aufschluss darüber geben, wie stark die Beziehung der Automobilindustrie entlang der Supply-Chains wirklich ist. Die Kosten- und Gewinnstruktur der Branche ist bis dato ebenfalls nicht bekannt, was es schwierig gestaltet, Investitionspotenziale zu untersuchen. Die einzelnen Unternehmen beschreiben unter anderem mit individuellen Kennzahlen den Erfolg ihres Geschäfts, wodurch die Frage geklärt werden muss, welche Kennzahlen oder Informationen in den einzelnen Unternehmen für Ertrag und Aufwand stehen (Gu, Guo, Su 2018, 12 f.).

Aus den vorangegangenen Ausführungen ergibt sich die Problematik, dass das Teilen von Finanzdaten entlang der Supply-Chain einen positiven Einfluss auf die finanzielle Performance der teilnehmenden Unternehmen haben kann. Jedoch könnten Faktoren wie fehlendes Vertrauen und technologische Restriktionen dieser Art der Offenlegung im Weg stehen. Zudem bedarf die Gewinn- und Kostenstruktur einer Supply-Chain der Automotive-Industrie weiterer Forschung. Das Wissen über diese Struktur könnte Entwicklungspotenziale und neue Geschäftsmöglichkeiten eröffnen. Außerdem lassen sich finanziell schwächere Unternehmen identifizieren, die durch besondere Maßnahmen von ihren Kunden verbessert werden könnten.

1.2 Zielsetzung

Abgeleitet aus der vorangegangenen Problemstellung bilden sich drei Bereiche, die anhand unterschiedlicher Methoden untersucht werden.

Der erste Teil der Arbeit beschäftigt sich mit der quantitativen Analyse der Geschäftsberichtdaten der Hauptteilnehmer in der Automotive-Industrie. Es soll herausgefunden werden, wie die Struktur der Gewinnverteilung in Supply-Chains der Automobilbranche aussieht. Daraus soll identifiziert werden, welche Teilnehmer am meisten Gewinn pro Jahr erzielen und welche am wenigsten erreichen. Außerdem stellt sich die Frage, inwiefern Aufwand und Ertrag in den jeweiligen Unternehmen definiert werden und welche Kennzahlen in den Unternehmen den Erfolg widerspiegeln. Um hinsichtlich der Ergebnisse eine repräsentative Stichprobe zu erhalten, werden in der Methode die Hauptakteure der Branche herangezogen.

Folglich lauten die leitenden Fragestellungen des ersten Abschnittes:

- Wie sieht die Struktur der Gewinnverteilung in Supply-Chains der Automotive-Industrie aus?
- Wie wird in der Automobilindustrie Erfolg dargestellt?

Im zweiten Abschnitt soll untersucht werden, welche Anforderungen an eine Beziehung zwischen Unternehmen entlang der Supply-Chain erfüllt werden müssen, um eine Open Book Policy zu ermöglichen. Zentrale Fragen lauten: Wie muss mit dem Zugriff auf vertrauliche Informationen und den Informationen selbst umgegangen werden, welche vertraglichen Voraussetzungen ergeben sich und wie weit soll diese Transparenz entlang der Supply-Chain möglich sein?

Zudem soll eruiert werden, welche Vorteile sich Unternehmen davon versprechen und welche Risiken sich dadurch ergeben können. Die leitenden Fragestellungen des zweiten Abschnittes lauten somit:

- Welche Voraussetzungen müssen für die Teilnehmer von Automobil-Supply-Chains erfüllt sein, um Open Book Policy einzuführen?
- Welche Informationen sollten entlang der Supply-Chain kommuniziert werden?
- Welche Chancen und Risiken ergeben sich für Unternehmen, die Open Book Policy entlang der Supply-Chain betreiben?

Im dritten Abschnitt steht die Frage im Mittelpunkt, welche Handlungsempfehlungen daraus abgeleitet werden können.

Mit den Ergebnissen dieser Arbeit soll bewirkt werden, sich kritisch mit dem Austausch von Daten entlang der Lieferkette auseinanderzusetzen, wobei neben vielen Risiken auch zahlreiche Chancen und Vorteile darin verborgen liegen. Folglich soll mit Bezug zum Supply-Chain-Management dargelegt werden, inwiefern dieses Thema in der Automobilbranche, das heißt in einer der repräsentativsten Branchen für Open Book, gehandhabt wird. Zielgruppe ist demnach der Unternehmensbereich Supply-Chain-Management, dem hierdurch das Thema Finanzdatentransparenz präsentiert wird. Ferner zählen dazu Branchenteilnehmer im Automotive-Bereich, indem die Struktur der Gewinnverteilung aufgezeigt wird und dargestellt wird, inwiefern welche Kunden- und Lieferantenebenen mehr oder weniger profitieren und was daraus in Form von Handlungsempfehlungen abgeleitet werden kann.

1.3   Vorgehensweise

In Kapitel 1 der Arbeit wird sich mit der Einleitung beschäftigt, die die Problemstellung, die Zielsetzung und die leitende Fragestellung vorstellt. Die Vorgehensweise, die beschreibt, welche Inhalte in den einzelnen Kapiteln vorzufinden sind, wird ebenfalls in diesem Teil der Masterarbeit präsentiert.

In Kapitel 2 werden im Rahmen einer Literaturanalyse die Struktur einer typischen Supply-Chain der Automotive-Branche beleuchtet und definiert, wer die Teilnehmer dieser Supply-Chains sind.

Im empirischen Teil, der in Kapitel 3 im Fokus steht, werden mithilfe qualitativer Tiefeninterviews die Motivationsfaktoren und Anforderungen zum Teilen von Finanzdaten erarbeitet. Zudem wird in diesem Teil die Gewinn- und Kosten-struktur durch Geschäftsberichtsanalysen untersucht. Abschließend werden die Ergebnisse dargestellt.

Die Handlungsempfehlungen, die die Diskussion der Ergebnisse widerspie-geln, stehen in Kapitel 4 im Mittelpunkt. Die Resultate des empirischen Teils werden reflektiert und in Handlungsempfehlungen umgewandelt.

Den Abschluss bildet Kapitel 5 mit der Conclusio, die die Schlussfolgerungen enthält, sowie einem Forschungsausblick und dem Aufzeigen der Limitationen, die durch die genutzten Forschungsmethoden entstanden sind.

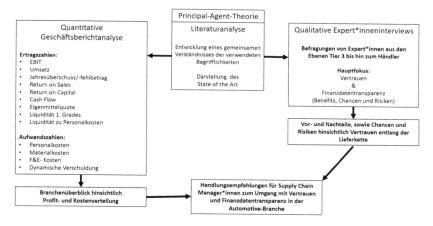

Abbildung 1.1 Framework als grafische Darstellung der Vorgehensweise. (Eigene Darstel-lung)

Abbildung 1.1 stellt die Vorgehensweise dieser Masterarbeit in grafischer Form dar. Als Grundlage der Arbeit wird die Principal-Agent-Theorie verstanden. Im Rahmen einer Literaturanalyse wird der aktuelle Stand der Forschung darge-legt und für ein gemeinsames Verständnis der unterschiedlichen Begrifflichkeiten gesorgt.

Im zweiten Teil der Arbeit wird sich mit Expert*inneninterviews beschäftigt, um das Verständnis in der Praxis hinsichtlich der Begriffe wie Finanzdatentrans-parenz oder Vertrauen entlang der Lieferkette zu ermitteln. Zudem soll daraus hervorgehen, inwiefern das Teilen solch sensibler Daten Vorteile, Chancen und Risiken mit sich bringt.

Teil drei bezieht sich auf die Geschäftsberichtanalyse, bei der Ertrags-
und Aufwandskennzahlen aus Geschäftsberichten entnommen werden, um einen
Überblick zu erhalten, wo mehr oder weniger Kosten und Gewinne abfallen.

Abschließend werden in Form von Handlungsempfehlungen Ansätze präsentiert, die einer Supply-Chain-Managerin beziehungsweise einem Supply-Chain-
Manager Unterstützung hinsichtlich des Umgangs mit Transparenz und Vertrauen
entlang der Lieferkette bieten sollen.

Definitionen und theoretische Grundlagen

In diesem Kapitel werden Definitionen und theoretische Grundlagen behandelt, die dem Inhalt dieser Arbeit zugrunde liegen. Dies soll ein einheitliches Verständnis der zentralen Begriffe sicherstellen.

Die dieser Arbeit zugrunde liegenden Begrifflichkeiten lauten:

Lieferketten in der Automotive-Industrie
Informationsaustausch entlang der Lieferkette
Anwendung der Principal-Agent-Theorie auf die Automotive-Lieferkette
Transparenz entlang der Lieferkette
Finanzdatentransparenz und Open Book Policy
Expert*innen hinsichtlich Finanzdatentransparenz entlang der Lieferkette

2.1   Lieferketten in der Automotive-Industrie

In diesem Abschnitt soll dargelegt werden, wie die Lieferketten in der Automobilindustrie typischerweise aussehen, und näher auf die einzelnen Teilnehmer dieser Branche eingegangen werden.

Schwabe führte an, dass aufgrund der starken Dynamik und der hohen Komplexität, von der die Automotive-Branche geprägt ist, gewisse Herausforderungen entstehen. Durch die durchaus gesättigte Branche versuchen Originale Fahrzeughersteller (Original Equipment Manufacturer, OEM), über Kosteneinsparungen zu Wettbewerbsvorteilen zu gelangen (Schwabe 2020, 159).

P. Dürnberger, *Empirische Analyse zur Gewinnverteilung in Supply-Chains der Automotive-Industrie*, BestMasters, https://doi.org/10.1007/978-3-658-39107-2_2

Reddy et al. bezeichneten die Automotive-Lieferketten als komplexes Netzwerk mit einer großen Vielzahl von Einzelteilen und ebenso vielen Stakeholdern. Als interessierte Parteien werden Lieferanten sowie Distributoren, Händler, aber auch Versicherungsunternehmen und regulatorische Ämter angeführt (Reddy et al. 2021, 2 zitiert nach Biswas und Gupta 2019). Zudem beschrieben Reddy et al. die Lieferketten dieser Branche als ‚well-defined and well-controlled‘, was ihnen zufolge durch traditionelle Praktiken möglich wird (Reddy et al. 2021, 2).

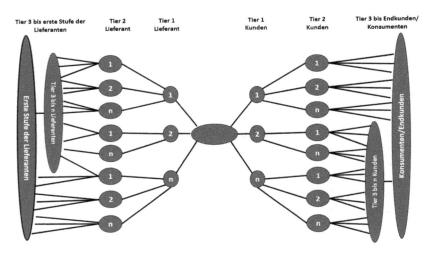

Abbildung 2.1   Klassische Automotive Supply-Chain (Kolmykova 2016, 32)

Abbildung 2.1 zeigt laut Kolmykova eine klassische, hierarchische Lieferkette der Automobilbranche (oder Automotive Supply-Chain = ASC). Grundsätzlich wird diese in Tier 3-Lieferant, Tier 2-Lieferant, Tier 1-Lieferant, OEM, Händler und (End)-Kunden gegliedert (Kolmykova 2016, 32). Tier 3 (Third Tier Supplier) bezeichnet in dieser Arbeit Rohmateriallieferanten. Dazu gehören Beschaffungsmärkte für Stahl, Aluminium, Gummi, Kunststoffe und Silikate. Ein Beispiel für diese Ebene in der Lieferkette wäre abgeleitet aus Abbildung 2.1 ein Unternehmen, das für den Automotive-Sektor Kunststoffe herstellt, die anschließend zu Teilelieferanten für die weitere Verarbeitung geliefert werden. Ein weiteres Beispiel für Tier 3 wären Mineralverarbeitungsunternehmen, die beispielsweise verschiedene Wolframpulver unter anderem für den Automobilzweig herstellen. Tier 2 (Second Tier Supplier) bezieht sich auf Komponentenlieferanten.

Dazu gehören unter anderem Unternehmen, die sich auf die Belieferung von beispielsweise Antriebsräder, Glasscheiben, Gummireifen, Lederbezügen oder auch Elektronikkomponenten spezialisieren. Beispielunternehmen für diese Ebene wären anhand Abbildung 2.1 jene, die Lederbezüge für anschließende Ledersitze herstellen. Ein weiterer Vertreter dieser Ebene wäre ein Aluminiumfelgenhersteller, der Aluminium zu Alufelgen verarbeitet und diese anschließend zum Reifenhersteller weiterliefert. Auch Reifenhersteller sind Tier 2 zuzuordnen. Komplette, montierbare Reifen werden anschließend an die Produktionen über einen Tier 1-Lieferanten an die OEM geliefert. Tier 1 (First Tier Supplier) betrifft Modul- und Systemlieferanten, die wie bereits erwähnt komplette, montierbare Fahrzeugreifen oder fertige Sitze wie auch Windschutzscheiben und Elektronikmodule direkt an die Fahrzeughersteller liefern (Klöpfer 2019, 1). Beim OEM werden schließlich diese Module beziehungsweise Systeme in der Produktion montiert. Auf dieser Ebene werden alle Schritte getätigt, sodass am Ende ein fertiggestelltes Fahrzeug aus dem Unternehmen abgeht (Reddy et al. 2021, 2).

Händler befinden sich laut Abbildung 2.1 bereits in den Strukturen des Konsumermarktes (Kolmykova 2021, 32). Sie beschäftigen sich mit dem Zu- und Verkauf von fertiggestellten Fahrzeugen und bedienen schließlich die Endkunden. Ferner verfügen sie teilweise über mehrere Händlerstandorte und agieren somit im Konsumentenmarkt (Reddy et al. 2021, 2). Der Endkunde steht laut Abbildung 2.1 am Ende der ASC und ist schließlich der Verwender oder Fahrer eines Fahrzeuges. Sofern der Kunde am Ende der Nutzung seines Fahrzeugs angelangt ist, geht es entweder erneut zu einem Kunden oder einer Kundin weiter und der vorherige Käufer wird zum Verkäufer oder das Fahrzeug endet in seiner Nutzung und wird in den Entsorgungsprozess eingeführt (Kolmykova 2021, 32).

Nicht angeführt in Abbildung 2.1 ist eben dieser Entsorgungsprozess, der als Teilnehmer in der ASC das Recyclingunternehmen betrachtet. Diese Teilnehmer beschäftigen sich mit der Zerlegung und Wiederverwertung des Fahrzeuges in Form von Recyclingunternehmen oder Gebrauchtwagen- und Gebrauchtteilehändlern. Sundin und Dunbäck zufolge verbergen sich in diesem Schritt viele Herausforderungen. Im Idealfall gehen die zu entsorgenden Teile oder Fahrzeuge über einen Intermediär zurück an den OEM, werden wiederaufbereitet und treten anschließend ein weiteres Mal in den Markt ein. Das kann über spezielle Verträge erfolgen und für eine problemfreie Entsorgung sorgen (Sundin und Dunbäck 2013, 3 f.).

Im Rahmen dieser Arbeit werden jedoch lediglich die Teilnehmer der Second Tier Supplier bis hin zum Händler betrachtet, da in diesem Abschnitt verfügbare Daten in Form von Geschäftsberichten vorliegen.

2.2   Informationsaustausch entlang der Lieferkette

Preiß führte in ihrer Publikation an, dass Vernetzung eine gute Strategie sei, um bestimmten Hemmnissen vorzubeugen. Beispielsweise gab sie an, dass technologischen Hemmnissen durch Kooperationen mit Maschinen- beziehungsweise Anlagenherstellern begegnet werden kann. Zwar beinhalten solche Kooperationen auch versteckte Kosten wie Produktionsunterbrechungen, was sich wiederum auf die Energieeffizienz niederschlägt, jedoch ist eine frühzeitige Einbindung hilfreich, wenn auf spezifische Situationen oder Risiken reagiert werden muss. Im Fokus der ökonomischen Komponente steht ihr zufolge die Kunden- und Marktakzeptanz. Diese beiden wesentlichen Faktoren können lediglich über einen entsprechenden Informationsaustausch entlang der Lieferkette überwunden werden und daraus ergibt sich die besondere Relevanz dieses Themas (Preiß 2021, 103 f.).

Cannella bestätigte diese Aussagen mit seiner Arbeit und führte aus, dass durch kollaborative Supply-Chains der negative Effekt auf den Kundenservice, wie er sich aus den traditionellen Modellen von Lieferketten ergab, signifikant reduziert werden konnte. Zudem ergänzte er, dass aus einer entsprechenden Zusammenarbeit entlang der Lieferkette eine Win-Win-Lösung für alle Teilnehmer resultiert (Cannella 2014, 5559). Daraus kann abgeleitet werden, dass die Zusammenarbeit und der Austausch von Informationen entlang der Lieferkette für alle Beteiligten einen Vorteil mit sich bringen.

„Der Wettbewerb spielt sich zukünftig zwischen den ganzen Netzwerken ab, nicht mehr zwischen einzelnen Unternehmen." (Chirkova und Spiess 2021, 45)

Nicht nur der Bullwhip-Effekt kann durch einen entsprechenden Informationsfluss reduziert werden. Es konnte zudem herausgefunden werden, dass zusätzlich disruptive Risiken und leere Regale durch einen intensiveren Informationsaustausch entlang der Lieferkette erfolgreich bekämpft werden können (Rahman et al. 2021, 2). Weiters konnten Wu et al. aufzeigen, dass der Austausch oder das Teilen von Informationen nicht nur die Kollaboration verbessert, sondern indirekt Einfluss auf eine positive Supply-Chain-Performance hat. Die Auswirkungen daraus sind Reduktion von Zeit- und Materialverschwendung, jedoch bedarf es dafür einer gewissen Zeit und Erfahrung in solchen Partnerschaften, um erforderliche Daten zeitgerecht zu teilen beziehungsweise zu erhalten (Wu et al. 2014, 128 f.). Gewinner sind Chirkova und Spiess zufolge am Ende die Lieferkettennetzwerke, die sich flexibel auf den Endnutzer einstellen und mit diesem Fokus entsprechend ihre Prozesse gestalten und aufeinander abstimmen (Chirkova und Spiess 2021,

45). Folglich kann aus den bisherigen Aussagen entnommen werden, dass durch Informationsaustausch entlang der Lieferkette gewisse Risiken besser abgefangen werden können und so ein geringerer Schaden für die Unternehmen entsteht. Der Vorteil liegt in der präventiven Bedienung von potenziellen Risiken, die zu Produktionsstillständen oder leeren Regalen führen könnten.

Främling et al. führten aber auch Bedenken an. In ihrer Studie wurden mithilfe von Technologien lieferkettenübergreifend Daten gesammelt, die geteilt werden könnten. Das Ergebnis ihrer Arbeit implizierte jedoch, dass nicht alle Unternehmen bereit sind, Informationen entlang der Lieferkette zu teilen, da sie Vertrauensbedenken haben und nicht den Wert darin verstehen, verglichen dazu, was es schließlich kostet (Främling et al. 2012, 666). Cannella et al. unterstrichen diese Bedenken und führten aus, dass die Entwicklung einer ‚information-sharing culture' keinesfalls einfach ist. Um jedoch leere Regale, den Bullwhip-Effekt und Produktionsstillstände zu vermeiden, sollten Informationen trotz all der Bedenken geteilt werden. Vor allem produzierende Unternehmen sollten großes Interesse daran haben (Cannella et al. 2015, 126). Es kann geschlussfolgert werden, dass dem Unternehmen diese Sorge genommen und der Mehrwert des Informationsteilens mit Supply-Chain-Partnern entsprechend hervorgehoben werden muss. Hauptsächlich produzierende Unternehmen sollten in einer ASC Interesse daran haben, Informationen entlang der Lieferkette zu teilen, da sie laut vorherigen Aussagen am meisten durch entsprechende Risiken zu verlieren haben.

Altmayer und Stölzle warfen den Aspekt ein, dass Supply-Chain-Controlling nur dann funktionieren kann, wenn ein Austausch gewährleistet werden kann, indem Lieferanten und Vorlieferanten ihre Informationen transparent machen. Sie argumentierten zudem, dass das nicht geschehen wird, wenn kein entsprechender Anreiz für die Lieferanten vorliegt. In diesem Fall ist es unerlässlich, entsprechende Maßnahmen zu setzen. Beispielsweise könnte ein Anreiz sein, dass Transparenz als positives Lieferantenauswahlkriterium gewählt wird. Altmayer und Stölzle führten aus, dass vor allem monopolistische Vorlieferanten eine große Herausforderung darstellen können. Diese Unternehmen unterliegen keinem Marktdruck, um Informationen zu teilen. Abnehmer könnten sich beispielsweise zusammenschließen und durch ein gemeinsames Auftreten am Markt dem Preisdruck stärker entgegenwirken.

Die Fähigkeit, mehr Transparenz entlang der Lieferkette zu schaffen, birgt aber auch technologische Herausforderungen. Ohne eine entsprechende IT-Infrastruktur und eine passende Datenqualität und -verfügbarkeit kann Transparenz nur schwer erreicht werden (Altmayer und Stölzle 2016, 46). Auch Cannella et al. beschrieben, dass die Implementierung einer Informationsaustausch-Supply-Chain Investitionen bedeutet, die nicht mit der Strategie eines jeden

Unternehmens einhergehen. Zudem werden Organisationen und deren Unternehmenskulturen beeinflusst. Aus diesen Investitionszwängen, meistens gefordert von Kunden, um zu kollaborieren, entstehen für das Unternehmen oft hohe Kosten, die durch kollaborative Aktivitäten oder die Möglichkeit, dadurch zu kollaborieren, nicht in Form von mehr Profit abgedeckt werden. Diese Frustration aus vergangenen, gescheiterten Experimenten dürfte ein Trigger dafür sein, ob Unternehmen solche Kooperationen eingehen (Cannella et al. 2015, 126).

Daraus ist abzuleiten, dass Incentives für Vorlieferanten und Lieferanten zum Teilen von Informationen gesetzt werden müssen. Ferner soll darauf geachtet werden, dass monopolistische Vorlieferanten ihre Position nicht ausnutzen. Dies könnte durch entsprechende Zusammenschlüsse auf Abnehmerebene kompensiert werden. Abschließend kann daraus geschlossen werden, dass das Teilen von Informationen nur mit entsprechender IT-Infrastruktur und der erforderlichen Datenqualität und -verfügbarkeit möglich ist. Bedenken zu finanziellen Einbußen müssen bereits zu Beginn abgeklärt und durch Zusammenarbeit bewältigt werden.

2.3   Anwendung der Principal-Agent-Theorie auf die Automotive-Lieferkette

Kalsaas führte an, dass es in Lieferkettenbeziehungen von Vorteil sein kann, wenn vertragliche Beziehungen und deren Entwicklung durch das Implementieren einer bestimmten Macht erfolgen. Er versteht darunter die Fähigkeit, eine andere Partei dahingehend manipulieren zu können, dass die eigenen Vorstellungen durchgesetzt werden (Kalsaas 2008, 2192). Aufgrund dieser Machtunterschiede, die entlang der Lieferketten auftreten können, besteht eine hohe Relevanz für die Prinzipal-Agent-Theorie, die auch im Fokus dieser Masterarbeit steht.

Die Principal-Agent-Theorie basiert auf der Annahme, dass eine vertragliche Beziehung zwischen zwei Parteien zustande kommt. Diese spiegelt sich im Rahmen dieser Arbeit dahingehend wider, dass ein Unternehmen entlang der ASC vertraglichen Beziehungen zu Kunden und Lieferanten aufbaut. Zudem wird angenommen, dass die jeweiligen Vertragsparteien immer ihre eigenen Interessen verfolgen (Kalsaas 2008, 2191). Ni argumentierte, dass vor allem bei Vertragsübereinkünften zwischen Herstellern und Lieferanten das Vermeiden von ‚Moral Hazard', das heißt moralisch riskantem Handeln, im Vordergrund stehen sollte. Hinzu kommt die Reduktion von Lieferantenfehlverhalten aufgrund asymmetrischer Informationen (Ni 2019, 32 f.). Dort, wo Partnerschaften oder Verträge vereinbart werden, können im Verhandlungsprozess unterschiedliche Informationsstände zu verschiedenen Absichten führen. Bozic und Heger zufolge haben

Agents mehr Informationen als Principals, wodurch sie sich im Rahmen von opportunistischem Verhalten gewisse Vorteile erarbeiten können. Durch diese Situation entstehen weiterführend Ineffizienzen für die Principals. Da sie aber ihren eigenen Nutzen maximieren wollen, bedarf es Maßnahmen, um diese asymmetrischen Informationen zu vermeiden beziehungsweise zu reduzieren (Bozic und Heger 2021, 9 f.).

Zudem identifizierten Bozic und Heger folgende Einflussfaktoren in Bezug auf eine Supply-Chain-Kollaboration (Bozic und Heger 2021, 14):

- Vertrauen und Commitment
- Kommunikation
- Performance-Management
- Zielekongruenz
- Entscheidungssynchronisierung

Zwei wesentliche Punkte, die im Rahmen dieser Arbeit eine größere Rolle spielen, sind Vertrauen und Commitment sowie Kommunikation entlang der Lieferkette der ASC.

Kommunikation ist laut Bozic und Heger ein wesentlicher Erfolgsfaktor (Bozic und Heger 2021, 14), um überhaupt auf Kundenanforderungen reagieren zu können. In Zeiten von Globalisierung und Digitalisierung steigen die Herausforderungen, aber auch gleichzeitig die Möglichkeiten. Handfield und Bechtel sprachen von einem Wandel des Branchenklimas, der aus neuen Formen interorganisationaler Zusammenarbeit resultiert. Ihnen zufolge kann dadurch die Angebotsunsicherheit bekämpft werden und der Hauptfokus von Unternehmen entlang einer Lieferkette sollte die Steigerung der Reaktionsfähigkeit sein, um schneller auf Veränderungen eingehen zu können (Handfield und Bechtel 2001, 2). Auch Yang et al. erkannten eine Schlüsselrolle in Kommunikation und Koordination. Soziale Interaktionen wie diese können Informationen liefern, die Aufschluss über die Dynamik eines Systems oder bedeutsame Hinweise bieten. Diese sind essenziell für Entscheidungsträger beim Informationsaustausch beziehungsweise beim Teilen von Informationen. Hierzu wird weiters angeführt, dass durch den Austausch von Informationen Risiken wie der Bullwhip-Effekt stark minimiert werden können. Jedoch kann es auch helfen, das Vertrauen gegenüber Partnern zu stärken (Yang et al. 2021, 7 ff.).

Hinsichtlich Vertrauen und Commitment waren sich Handfield und Bechtel einig, dass das Vertrauenslevel durch Face-to-Face-Gespräche nicht gesteigert wird. Auch die Anwendung von Verträgen oder eine Abhängigkeit von Lieferanten beeinflusst ihnen zufolge keinesfalls das Vertrauen in dieser Beziehung

(Handfield und Bechtel 2001, 9). Schosser argumentierte zudem, dass beide Parteien ihre gegenseitigen Risikopräferenzen kennen sollten. Je nachdem, ob eine
der beiden Seiten risikoreicher agiert, kann eine Balance hergestellt werden,
indem entsprechende Anreizmodelle eingesetzt werden. Somit kann Risikovermeidung für sowie ein Handeln im Sinne der Unternehmung besser durchgesetzt
werden (Schosser 2019, 1116). Aus Schossers Aussage kann abgeleitet werden,
dass Anreizmodelle existieren sollten, um beide Seiten dazu zu bringen, im Sinne
dieser Partnerschaft zu agieren und auf eine langfristige Unternehmensbeziehung
zu setzen. Dafür erfordert es Vertrauen, da beispielsweise ohne diesen Faktor
keine Transparenz entlang der ASC sichergestellt werden kann. Sun et al. ergänzten zur Aussage von Schosser, dass durch den Einsatz von Anreizsystemen keine
Risiken mehr seitens des Agenten in Erwägung gezogen werden. Die Anreize
veranlassen den Agenten in diesem Fall dazu, über die Unternehmensgrenzen
hinweg fair zu handeln (Sun et al. 2019, 131 f.).

Laut Kalsaas ist ein gut entwickeltes Informationssystem erforderlich, um
den Informationsaustausch entlang der Lieferkette optimal gestalten zu können.
Schnittstellen des elektronischen Datenaustausches (EDI) werden dahingehend
als Lösungsansatz angeführt. Dort, wo Macht von einer Partei entlang der Lieferkette ausgeht, kommt die Principal-Agent-Theorie aufgrund ihrer Relevanz zum
Einsatz (Kalsaas 2008, 2196). Diese Aussage lässt sich auch durch Bozic und
Heger bestätigen, die Kommunikation als einen der Einflussfaktoren identifizieren konnten. In Summe ergeben sich laut Singh und Teng bestimmte Vorteile,
wenn in mehr Kommunikation und Vertrauen investiert wird. Dazu zählen ein
deutliches Absenken der Transaktionskosten und eine signifikante Stärkung der
Beziehung. Folglich werden zeitgleich Kostenvorteile und Werte entlang der ASC
generiert (Singh und Teng 2016, 297).

Es kann zusammengefasst werden, dass in Lieferketten, in denen unterschiedliche Machtverhältnisse zwischen den Parteien herrschen, Informationsasymmetrien auftreten können und den einzelnen Teilnehmern der ASC die
eigene Nutzenmaximierung unterstellt wird. Darüber hinaus spielen Vertrauen
und Transparenz eine wesentliche Rolle, wenn es darum geht, wie mit Informationsaustausch entlang der Lieferkette umgegangen wird. Wenn vertragliche
Vereinbarungen festgelegt werden, die zum Beispiel die Offenlegung von eigenen
Unternehmensinformationen durch den mächtigeren Partner verlangen, kann aufgrund dieser Theorie nachvollzogen werden, warum Transparenz für eine robuste
Lieferkette von Bedeutung ist.

2.4   Transparenz entlang der Lieferkette

Dieses Kapitel baut auf den Informationen aus der Principal-Agent-Theorie auf und zeigt, inwiefern Transparenz entlang der ASC relevant ist.

Der Begriff ‚Transparenz' wird in der Publikation von Treber und Lanza unter dem Synonym Informationsaustausch behandelt und meint eine wechselseitige Übertragung von unternehmenseigenen Informationen, die dem Partner in der Lieferkette, sei es ein Kunde oder ein Lieferant, entscheidende Hinweise über Geschehnisse beim jeweiligen Informationssender geben. Zudem können Hinweise über Probleme und Risiken kommuniziert werden oder über den Status von Lagerbeständen sowie über Umstände von Maschinen und Anlagen. Es können auch Informationen zu einzelnen Produkten übertragen werden. Häufig handelt es sich um Nachfrageänderungen oder auftretende Qualitätsmängel, die wiederum einen Rückruf auslösen könnten und die gesamte Lieferkette beeinflussen (Treber und Lanza 2018, 599).

Centobelli et al. definierten ‚Transparenz' als Rahmen, in dem Informationen zwischen zwei oder mehreren Parteien leicht zugänglich gemacht werden. Zudem ist es ein essenzieller Parameter, um die Leistung einer Lieferkette bewerten zu können. Transparente und genaue Informationen sind für die Einhaltung von Vorgaben und Sicherheit sowie die Gewährleistung von Genauigkeit im operativen Geschäft unerlässlich, um eine leistungsfähige Lieferkette zu erhalten (Centobelli et al. 2021, 4).

Um einen effizienten Informationsfluss erfolgreich aufzubauen und Partnerschaften zu entwickeln, muss laut Chirkova und Spiess eine hohe Transparenz sichergestellt werden. Hierfür sind Informationsmanagement und IT-Systeme entscheidende Faktoren, um die einzelnen Prozessschritte aufeinander abzustimmen und gute Kommunikation und Vernetzung zu ermöglichen. Ihnen zufolge entwickeln sich Lieferketten zu immer komplexeren globalen Netzwerken (Chirkova und Spiess 2021, 45). Auch Altmayer und Stölzle erkannten aus Sicht des Supply-Chain-Controllings (SCC) einen Mehrwert, wenn Informationen entlang der Lieferkette geteilt werden. Sie argumentierten, dass die Vorlieferanten nur dann entsprechend gesteuert werden können, wenn Informationen über Vorlieferanten und direkte Lieferanten geteilt werden und so Einblicke in beispielsweise das operative Geschäft, Lagerkennzahlen und in weiterer Folge in Finanzkennzahlen gewährt werden (Altmayer und Stölzle 2016, 46 f.).

Liu und Deshmukh zeigten auf, dass durchaus Transparenzbarrieren bestehen können. Zwar argumentierten sie, dass in komplexen und dynamischen Umwelten Vorteile durch eine Zunahme des Informationsaustausches generiert werden können. Trotzdem werden Barrieren in der Herstellung von Transparenz entlang der Lieferkette genannt. Diese etreffen zumeist die Unwissenheit über die Nutzung der Informationen, die vom Kooperationspartner ausgehändigt werden, fehlendes Wissen über Unternehmensprozesse bei Kooperationspartnern und rechtliche Fragestellungen, das heißt fehlende rechtliche Rahmenbedingungen, um einen solchen Informationsaustausch zu bewerkstelligen. Hinsichtlich der technologischen Nutzung wird angeführt, dass fehlende IT-Infrastruktur, entstehende Zusatzkosten und ein Fehlen von standardisierten Prozessen zur Hemmung führen können. Auch die Kultur spielt eine wesentliche Rolle. Sie gibt Aufschluss darüber, ob Personen grundsätzlich keine Informationen teilen beziehungsweise dies nicht weiter als zum direkten Partner vermitteln wollen. Abschließend wird die Machtstruktur genannt. Bei Machtunterschieden benötigt eine Seite aufgrund der Sicherheit über die langfristige Beständigkeit des Vertragspartners keine Informationen. Im Gegensatz dazu kann der mächtigere Partner Informationen durch Zwang einfordern (Liu und Deshmukh 2022, 80).

Huang und Yang fanden in ihrer Arbeit heraus, dass Lieferanten vergleichen, ob Transparenz oder Intransparenz profitabler ist. Damit verbunden ist Transparenz nicht immer die beste Option. Sie argumentierten, dass bei großer Produktionskostenabweichung und einem transparenten Informationsaustausch beider Seiten vom Kunden Verträge angeboten werden, die nicht akzeptiert werden können. Das resultiert entweder in einem Nullgeschäft oder in einem negativen Profit. Anbieter mit niedrigen Kosten hingegen haben nicht die Möglichkeit, jene Verträge mit hohen Kosten auszuwählen, um an Informationen zu gelangen. Sofern ein intransparenter Informationserwerb besteht, kann der Lieferant immer positive Erträge erzielen. Bei hohen Produktionskosten ist laut Huang und Yang folglich Transparenz immer der Intransparenz unterlegen (Huang und Yang 2016, 459).

Treber und Lanza führten hingegen an, dass bei produzierenden Unternehmen ein Informationsaustausch und somit die Transparenz von Informationen zu einer Steigerung der Leistung führen. Diese Aussage resultiert in der positiven Einflussnahme der operativen Effizienz, der verbesserten Reaktionsfähigkeit und dem Möglichwerden neuer Formen der Kooperation (Treber und Lanza 2018, 899). Vorteilhaft ist zudem eine Steigerung der Sichtbarkeit potenzieller Risiken und damit verbunden die leichtere und schnellere Identifikation von Schwachstellen beziehungsweise Potenzialfeldern (Liu und Deshmukh 2022, 81). Es soll aber auch zu einer besseren Nachvollziehbarkeit und Rückverfolgbarkeit bei Problemen dienen und die Resilienz von Lieferketten steigern (Montecchi, Plangger und West 2021, 10).

Aus diesen Ausführungen kann resümiert werden, dass bei anstehenden Verhandlungen eine erhöhte Transparenz je nach Unternehmensposition positiv oder negativ ausfallen kann. Sofern eine direkte Zusammenarbeit besteht, nimmt eine gesteigerte Transparenz hinsichtlich operativer und finanzieller Kennzahlen positiven Einfluss auf das Geschäft beider Vertragspartner. Das bedeutet für die ASC, dass in der bereits bestehenden Austauschbeziehung Transparenz nur positive Auswirkungen haben kann. Sobald es jedoch in Verhandlungen geht, wirken sich transparente Informationen negativ auf die jeweilige Verhandlungsposition aus.

2.5   Finanzdatentransparenz versus Open Book Policy

In den bisherigen Kapiteln wurde sich mit der Automotive-Branche, deren Lieferketten und ihren Eigenheiten sowie der Problematik, die mit dem Austausch von Informationen einhergeht und die letztlich unter dem Begriff der Transparenz behandelt wird, beschäftigt. Im Folgenden wird darauf eingegangen, wie Transparenz im Rahmen des Austauschs von Finanzdaten zu verstehen ist und inwiefern diese Praktiken in den Lieferketten der Automotive-Branche für Vor- oder Nachteile sorgen.

Romano und Formentini verstanden in den Begriffen ‚Open Book‘ und ‚Finanzdatentransparenz‘ einen Vorgang, bei dem Informationen über die eigene Organisation hinweg geteilt werden. Sie stellten nicht ausreichend Anreize in Macht, Vertrauen oder in guten Unternehmensbeziehungen fest, um Finanzdatentransparenz einzuführen oder zu akzeptieren. Vielmehr kann durch Kollaborationen erreicht werden, dass sich die Transaktionskosten wesentlich reduzieren. Das bedeutet, der Aufwand für die Informationsbeschaffung kann stark minimiert werden und die Verhandlungspartner kommen schneller an ihre individuellen Ziele beziehungsweise zu einem erfolgreichen Verhandlungsabschluss. Gemeinsame Investitionen entlang der Lieferkette und die damit verbundene Optimierung von Abläufen in den jeweiligen Unternehmen können weitere Vorteile sein, die für Finanzdatentransparenz entlang der Lieferkette sprechen. Durch diese Offenlegung der Finanzdaten soll es mitunter zu einem Machtausgleich zwischen Lieferanten und Einkäufern der Vertragspartner kommen (Romano und Formentino 2012, 70).

Uras konstatierte für die Finanzdatentransparenz den Vorteil, dass entlang der Lieferkette kontraproduktive Entwicklungen wesentlich effizienter erkannt werden. Seiner Ansicht nach existieren in manchen Unternehmen Richtlinien, die es nicht zulassen würden, Informationen ohne Weiteres mit anderen Unternehmen zu teilen. Die essenziellen Effizienzvorteile würden Uras zufolge empfehlen, das

Konzept der Finanzdatentransparenz einzuführen. Ob beispielsweise ein Lieferant mit ernsthaften Liquiditätsproblemen zu kämpfen hat oder die Vertreter*innen dieses Argument nur als Vorwand nutzen, um Rechnungen nicht zu begleichen oder Preissenkungen zu vermeiden, kann letzten Endes nur durch einen Blick in die ‚offenen Bücher' des jeweils anderen Unternehmens bestätigt werden (Uras 2020, 6 ff.).

Open Book Accounting unterscheidet sich von Finanzdatentransparenz. Alenius, Lind und Strömsten argumentierten, dass der Begriff ‚Open Book Accounting' und damit verbunden die Begrifflichkeit der ‚Open Book Policy' bereits seit den 1990er-Jahren präsent ist. Darunter verstanden sie ein unternehmensübergreifendes Kontrollsystem, um die Produktion sowie Lieferprozesse entlang der Lieferkette überwachen zu können. Ergänzend führten sie an, dass hierbei finanzielle und nichtfinanzielle Informationen übermittelt werden. Ein Unternehmen legt damit völlig offen, zu welchen Kosten es produziert und wie viel es dadurch in Form einer Gewinnmarge einnehmen will. Als Beispiel wird angeführt, dass Geringmengenprodukte wesentlich teurer sind. Einkäufer würden in diesem Fall darauf drängen, dass im Rahmen einer Lernkurve die eigenen Prozesse effizienter werden und so Kosteneinsparungen möglich werden. Laut Alenius, Lind und Strömsten werden durch die Einführung von Open Book-Accounting Interdependenzen und Beziehungen verstärkt (Alenius, Lind und Strömsten 2015, 196 ff.). Möller, Windolph und Isbruch konnten herausfinden, dass Lieferanten oftmals diesem Druck durch die Einkäufer nachgeben, da sie zu stark von den anderen Unternehmen abhängen. Das Teilen sensibler Finanzdaten mit anderen Unternehmen wird somit nicht freiwillig abgewickelt. Die Übermittlung von Finanzdaten erfolgt oft nicht bidirektional, sondern lediglich vom Lieferanten zum mächtigsten Teilnehmer der Lieferkette. Um die Lieferanten vor weiterem Kostendruck zu bewahren, sollen Normen und Werte existieren, die es dem Einkäufer nicht erlauben, diese Kostendaten an andere potenzielle Lieferanten zu verkaufen und so für Wettbewerbsverzerrungen zu sorgen (Möller, Windolph und Isbruch 2011, 128).

Tsamenyi, Qureshi und Yazdifar erkannten einen Zusammenhang zwischen Vertrauen und der Buchhaltung, jedoch wird Vertrauen hauptsächlich dafür verwendet, Unsicherheiten hinsichtlich der Finanzdaten zu kompensieren. Sobald interorganisational bei langjährigen Beziehungen verstärkt formelle Kontrollinstrumente zum Einsatz kommen, kann dies dazu führen, dass Misstrauen und Konfliktpotenziale zwischen den Partnern entstehen (Tsamenyi, Qureshi und Yazdifar 2013, 184).

Romano und Formentini führten an, dass es jedoch nicht selbstverständlich ist, die gesamten Unternehmensdaten einem Open Book-Partner offenzulegen.

Welche konkreten Daten übermittelt werden, muss vertraglich vereinbart werden (Romano und Formentini 2012, 70). Folgende Informationen können entlang der Lieferkette von Bedeutung sein, um Prozesse optimieren zu können (Windolph und Moeller 2012, 48):

- Kosten
- Umsätze
- Qualitätskennzahlen
- Zykluszeiten
- Lieferzuverlässigkeit
- Informationen zur Ressourcennutzung

Windolph und Moeller bestimmten im effektiven Teilen von Informationen einen kritischen Erfolgsfaktor für effiziente Lieferketten, obwohl sie herausfinden konnten, dass Open Book-Accounting die Lieferantenbeziehung negativ beeinflusst (Windolph und Moeller 2012, 48). Zwar sollten Lieferanten dadurch eigentlich Vorteile generieren können, jedoch wird angenommen, dass die Einkäufer durch die offenen Bücher starken Druck auf ihre Lieferanten ausüben, um deren Gewinnmargen nach unten zu drücken. Einkäufern wird folglich unterstellt, dass sie im Rahmen dieses Informationsaustausches opportunistisch agieren. Zudem wird ausgesagt, dass Finanzdatenaustauschsysteme als formelles Überwachungsinstrument wahrgenommen werden und demnach einen negativen Einfluss auf das gegenseitige Vertrauen hervorrufen. Informelle Kommunikationswege leiden unter diesen Umständen nach den Aussagen der beiden Autoren (Windolph und Moeller 2012, 54).

Nach Agdal und Nilsson sind die Lieferanten gegenüber dem Teilen ihrer Daten skeptisch. Anreize müssen geschaffen werden, damit Lieferanten auf diese Offenlegung ihrer Bücher eingehen. Hierzu zählt nicht nur die gemeinsame Investition in deren Lieferkette oder Optimierungspotenziale. Die beiden Wissenschaftler konnten herausfinden, dass das Teilen der Gewinne entlang der Lieferkette und garantierte Gewinnmargen für Lieferanten als wesentliche Anreize einzuschätzen sind. Abschließend argumentierten sie mit einem Entstehen eines effektiveren Risikomanagements entlang der Lieferkette, wodurch Vorteile für alle Teilnehmer entstehen (Agdal und Nilsson 2010, 152).

Es kann anhand der Erkenntnisse in diesem Kapitel konstatiert werden, dass betroffene Lieferanten dem Teilen ihrer Daten skeptisch gegenüberstehen. Da es sich jedoch um eine Möglichkeit handelt, die Optimierungspotenziale hervorbringen kann. Meistens wird das Konzept der Finanzdatentransparenz jedoch von mächtigen OEM erzwungen und durchgesetzt. Sie sichern sich selbst durch Open

Book Policy ab, da sie die finanzielle Situation ihrer Lieferanten genau kennen und mithilfe von Maßnahmen im Rahmen ihres Risikomanagements erfolgreicher sind. Da jedoch die Abhängigkeit durch die Branche nicht zu allen Lieferanten vorliegt, müssen Anreize geschaffen werden, die es dem Lieferanten ermöglichen, dieses Konzept in seiner Lieferanten-Kunden-Beziehung zu akzeptieren. Beispiele dafür wären das Teilen der Profite entlang der Lieferkette und die Zusicherung von bestimmten Gewinnmargen.

2.6   Expert*innen hinsichtlich Finanzdatentransparenz entlang der Lieferkette

Abgesehen vom Aufgabenfeld der Personen und den Kommunikationspartnern entlang der Lieferkette spielt auch die branchenspezifische Eingrenzung eine Rolle. Im Rahmen dieser Masterarbeit sollen Erkenntnisse darüber gewonnen werden, wie mit dem Thema Finanzdatentransparenz beziehungsweise Open Book Accounting umgegangen wird, welche Kritikpunkte dazu gefunden werden können und welche Voraussetzungen getroffen werden müssen, um die eigenen Bücher offenzulegen. Ergänzend werden Unternehmen untersucht, die sich in der Lieferkette der Automotive-Branche befinden, das bedeutet, von der Branche beliefert werden oder diese beliefern. Abschließend kann zusammengefasst werden, dass Rohmateriallieferanten, Teilelieferanten sowie System- und Modullieferanten und OEM dazu infrage kommen. Im Rahmen der Interviews werden auch Händler herangezogen, da auch sie Teilnehmer der ASC sind. Für die Geschäftsberichtsanalyse werden lediglich Lieferanten und OEM ausgewählt, da die Zugänglichkeit zu Geschäftsberichten von Händlern und Subhändlern nicht möglich ist.

Anhand der vorangegangenen Definitionen und theoretischen Grundlagen kann festgestellt werden, dass folgende Unternehmensbereiche oder -funktionen entsprechendes Know-how zu diesem Thema besitzen. Im Rahmen dieser Arbeit müssen somit für die Beantwortung der leitenden Fragestellungen des ersten Abschnittes jene Personen befragt werden, die eine solche Position besetzen:

- Strategischer Einkauf
- Supply-Chain-Management
- Vertrieb
- Controlling
- Finanzmanagement

Der Auflistung der infrage kommenden Unternehmensbereiche ist unter anderem zuzuschreiben, dass sie mit Kunden oder Lieferanten in Kontakt sind, Verhandlungen begleiten oder in der Übermittlung beziehungsweise Beschaffung von Daten beschäftigt sind. Sie verfügen über aufrechte Kommunikationskanäle zu den entsprechenden Kommunikationspartnern und nutzen dafür formelle und informelle Instrumente. Aufgrund dieser besonderen Aufgaben in ihrem beruflichen Alltag wird diese Personengruppe als Expert*innengruppe im Rahmen dieser Masterarbeit bezeichnet.

Im Rahmen dieser Masterarbeit werden, um die leitenden Fragestellungen zu beantworten, zwei empirische Methoden angewendet. In Kapitel 1 wird sich mit Fragestellungen beschäftigt, die mehr quantitativer Natur sind und somit durch Geschäftsberichtsanalysen beantwortet werden sollen. Dieser Abschnitt wird unter Abschnitt 3.1 behandelt.

Im zweiten Abschnitt wird sich mit qualitativen Tiefeninterviews mit Expert*innen aus jenen Bereichen, in denen vorrangig mit Kunden oder Lieferanten kommuniziert wird und Informationen ausgetauscht werden, auseinandergesetzt. Diese Methode bietet unter anderem einen Überblick zur Automotive-Branche. Folglich wird dieser Abschnitt zuerst behandelt und soll über die entsprechenden Verteilungen der Gewinne und Kosten entlang der ASC aufklären.

3.1 Geschäftsberichtanalyse

In Abschnitt 3.1 wird sich mit der Geschäftsberichtsanalyse und damit verbunden mit der Beantwortung der leitenden Fragestellungen aus dem ersten Abschnitt beschäftigt. Hierfür wurden Unternehmen einbezogen, die einen relevanten und repräsentativen Anteil an der gesamten Branche ausmachen. In Abschnitt 3.1.1 wird auf die Vorgehensweise der Datenerhebung eingegangen, bevor in Abschnitt 3.1.2 die Ergebnisse dargestellt werden.

Ergänzende Information Die elektronische Version dieses Kapitels enthält Zusatzmaterial, auf das über folgenden Link zugegriffen werden kann https://doi.org/10.1007/978-3-658-39107-2_3.

3.1.1 Beschreibung der Vorgehensweise

Um die Gewinn- und Kostenstruktur von Supply-Chains der Automotive-Branche darzustellen, werden die Geschäftsberichte der unten angeführten Unternehmen analysiert. Hierbei ist relevant, wie die einzelnen Unternehmen Erfolg messen und wie diese zueinander vergleichbar gemacht werden können.

Schawel und Billing argumentierten, dass mithilfe dieser Analysemethode die „geschäftliche Entwicklung und Zielsetzung für unternehmensexterne/-interne Adressaten wie Teilhaber, Mitarbeiter, Kunden, Lieferanten oder Investoren" dargestellt werden können. Dazu werden die veröffentlichten Geschäftsberichte der ausgewählten Unternehmen analysiert. Dadurch soll Transparenz über die Lieferketten, Geschäftsfelder, Entwicklungen, Trends, Ziele, bilanzielle und finanzielle Kennzahlen, Managementstrukturen und die Art, wie sich Unternehmen präsentieren, geschaffen werden. Voraussetzung, um diese Analyse durchzuführen, ist die Verfügbarkeit der Berichte vergangener Perioden (Schawel und Billing 2009, 94 f.). Für die Durchführung wurden lediglich jene Geschäftsberichte von Unternehmen herangezogen, die den Zeitraum von 2016–2020 betreffen und frei abrufbar waren.

Die nachstehende Auflistung erfasst Punkte, die im Rahmen einer Geschäftsberichtsanalyse betrachtet werden (Schawel und Billing 2009, 95):

- Gewinn- und Verlustrechnung
- Bilanz
- Cashflow-Rechnung
- Eigenkapital-Entwicklungsrechnung/Nachweis
- Mehrjahresübersicht (5 Jahre)

Insgesamt wurden 75 Geschäftsberichte von insgesamt 15 Unternehmen für die Analyse herangezogen und hinsichtlich der erforderlichen Informationen untersucht. Im Rahmen der Analyse wurden jedoch Inkonsistenzen festgestellt. Vor allem bei Unternehmen, die als Unternehmenswährung nicht den Euro nutzen, wurden häufig fehlende Daten vermerkt. Dahingehend musste die Stichprobe in den jeweiligen Kategorien bereinigt werden. Die ausgewählten Unternehmen wurden in weiterer Folge in Kategorien eingeteilt.

Die Aufteilung in insgesamt drei Kategorien auf der Zulieferseite wurde wie folgt durchgeführt:

- Rohmaterial- und Teilelieferanten
- Modul- und Systemlieferanten
- OEM – Fahrzeughersteller

Anschließend wurden den einzelnen Kategorien Unternehmen zugewiesen, welche am besten in diese Abschnitte passen:

Tabelle 3.1 Ausgewählte Rohmaterial- und Teilelieferanten. (Eigene Darstellung)

Rohmaterial- und Teilelieferanten	Austria Metall AG
	BASF SE
	Wacker Chemie AG

Als Lieferanten der Kategorienzuordnung Rohmaterial und Teile (Tabelle 3.1) wurden die Austria Metall AG, BASF SE und Wacker Chemie AG ausgewählt. Restliche Lieferanten, die dieser Kategorie zugewiesen werden konnten, verfügten nicht über öffentlich zugängliche Geschäftsberichte mit den entsprechend erforderlichen Daten.

Tabelle 3.2 Ausgewählte Modul- und Systemlieferanten. (Eigene Darstellung)

Modul- und Systemlieferanten	Robert Bosch GmbH
	Continental AG
	Mutares Group
	ZF Friedrichshafen AG

Die Kategorienzuordnung Module und Systeme (Tabelle 3.2) umfasst jene Lieferanten, die anstelle von einzelnen Teilen bereits fertige Komponenten liefern. Hierzu konnten die Robert Bosch GmbH, die Continental AG, die Mutares Group, sowie ZF Friedrichshafen AG herangezogen werden. In dieser Kategorie wurden mehr Lieferanten ausgewählt, jedoch waren die zugänglichen Geschäftsberichte von Unternehmen in Ländern außerhalb Europas zu inkonsistent beziehungsweise es wurden nach IFRS-Standard erforderliche Informationen weggelassen. Beispielsweise wurden bei Unternehmen, die als Hauptwährung US-Dollar oder Yen bestimmt hatten, keine Personalaufwendungen angeführt, sondern lediglich die Anzahl der Mitarbeiter im Konzern.

Bei den OEM (Tabelle 3.3) konnten lediglich die Bayerischen Motoren Werke AG, die Daimler AG und Volkswagen AG ausgewählt werden, da andere

Tabelle 3.3 Ausgewählte OEM-Fahrzeughersteller. (Eigene Darstellung)	OEM-Fahrzeughersteller	Bayrische Motoren Werke AG
		Daimler AG
		Volkswagen AG

vorausgewählte Unternehmen ihre Unternehmensinformationen teilweise hochaggregiert und somit verschleiert dargestellt haben und erforderliche Daten wie Personalaufwendungen nicht angegeben wurden.

Zur Ermittlung von Aufwand und Ertrag und in weiterer Folge des Erfolges eines Unternehmens entlang der Lieferkette muss zunächst eine Wertbeitragshierarchie entwickelt werden (Heesen 2020, 61ff).

Die folgende Darstellung (Abbildung 3.1) spiegelt die umsetzbare Wertbeitragshierarchie, angelehnt am Du Pond-Schema und abgeleitet nach Heesen 2020, für die in dieser Arbeit herangezogenen Geschäftsberichtsanalyse wider:

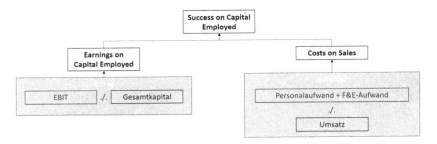

Abbildung 3.1 Wertbeitragshierarchie, angelehnt am Du Pond-Schema und abgeleitet nach Heesen 2020, 61 ff. (Eigene Darstellung)

Als Ertragskennzahlen wird der Gewinn vor Zinsen und Steuern (EBIT) verwendet, da dieser international vergleichbar ist. Zudem soll der Cashflow angeführt werden, da dadurch die Stärke des operativen Geschäftes berücksichtigt wird. Der Cash-Cycle würde zwar in Form des Working-Capital darstellen können, wie gut ein Unternehmen mit liquiden Mitteln ausgestattet ist, um operativ tätig zu sein, jedoch sind die erforderlichen Kennzahlen nicht in allen Berichten einsehbar. Neben den Aufwands- und Ertragskennzahlen wird zudem die Eigenkapitalrentabilität angeführt, um die Fähigkeit darzustellen, nicht auf fremde Mittel angewiesen zu sein. Folglich ist die Stärke des Eigenkapitals ebenfalls durch eine Darstellung angeführt (Abbildung 3.2).

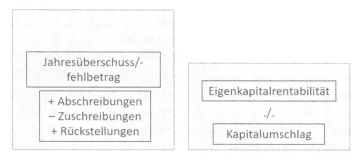

Abbildung 3.2 Zusatzkennzahlen: Cash-Flow und Eigenkapitalrentabilität. (Eigene Darstellung)

Der Ertrag für die Erfolgsermittlung entlang der Lieferkette in der Automotive-Branche wird in diesem Fall durch den EBIT im Verhältnis zum Gesamtkapital angeführt. So lassen sich die ‚**Earnings on Capital Employed**' bilden.

$$\text{Ertrag} = \frac{EBIT}{Gesamtkapital} \times 100\,\%$$

Ertrag lässt sich als die Einnahmen vor Steuern und Zinsen im Verhältnis zum Gesamtkapital definieren. Er gibt an, wie rentabel der Kapitaleinsatz ist.

Zur Darstellung des Aufwands werden Personal- sowie Kosten aus den Bereichen Forschung und Entwicklung (F&E) addiert. Die Verschuldung kann aufgrund fehlender Kennzahlen in den Berichten ebenfalls nicht klar herausgearbeitet werden. Ebenso ist der Materialaufwand meist hochaggregiert angeführt und würde zudem aufgrund der unterschiedlichen Fertigungsstufen der Beschaffungsgüter die Vergleichbarkeit verhindern. Da die Zinsen und Steuern je nach Region unterschiedlich ausfallen können und somit keinen direkten Wertbeitrag, sei es positiver oder negativer Art, leisten, werden diese Werte nicht berücksichtigt. Folglich werden die so angeführten Gesamtkosten mit dem Umsatz dividiert, um ‚**Costs on Sales**' als Aufwandskennzahl zu erhalten.

$$\text{Aufwand} = \frac{(Personalaufwand + F\&E - Aufwand)}{Umsatz} \times 100\,\%$$

Der Aufwand definiert sich folglich als das Verhältnis aus der Summe von Personal- und Forschungsaufwand und dem Umsatz. Hierdurch wird angeführt, wieweit diese Aspekte vom Umsatz getragen werden.

Die somit zustande gekommenen Kennzahlen Ertrag und Aufwand lassen sich durch eine Division zur Erfolgskennzahl ‚**Success on Capital Employed**' zusammenführen.

$$\text{Erfolg} = \frac{Ertrag}{Aufwand} \times 100\,\%$$

oder

$$\text{Success on Capital Employed} = \frac{Earnings\ on\ Capital\ Employed}{Costs\ on\ Sales} \times 100\,\%$$

$$= \text{SoCE} = \frac{EoCE}{CoS} \times 100\,\%$$

Erfolg bedeutet demnach, inwieweit die Einnahmen durch eingesetztes Kapital von den Kosten in Bezug auf den Umsatz bewältigt werden können. Diese Kennzahl in Prozent gibt Aufschluss darüber, welche Unternehmen entlang der Lieferkette ungeachtet der geografischen Lage (vor Zinsen und Steuern) und des Beschaffungsmarkts (ohne Materialaufwand) mehr oder weniger Erfolg haben.

3.1.2   Ergebnisdarstellung der Geschäftsberichtanalyse

In diesem Kapitel werden die Ergebnisse der Geschäftsberichtsanalyse beschrieben. Aufgrund der COVID-19-Pandemie ist oftmals in den Jahren 2019 und 2020 eine abnormale Abweichung in den einzelnen Kennzahlen zu erkennen. Dennoch werden die Unternehmen über einen Zeitraum von insgesamt fünf Jahren betrachtet, wodurch trotzdem ein entsprechendes Bild über den Normalzustand möglich wird. Im Folgenden werden zunächst alle Unternehmen einzeln vorgestellt. Anschließend werden diese in ihren Kategorien zusammengeführt und ergeben so ein Bild über die jeweilige Lieferkettenposition. Somit lassen sich Unternehmen entlang der Lieferkette im Vergleich darstellen.

Rohmaterial- und Teilelieferanten
Austria Metall AG
Tabelle 3.4 zeigt die aus den Geschäftsberichten entnommenen Kennzahlen. Der EBIT erfährt in den Jahren 2016 und 2017 mit einem Spitzenwert von 86,8 Millionen € die größten Erfolge und sinkt anschließend auf zirka 61 Millionen € ab.

Ein ähnlicher Kurvenverlauf kann auch beim Jahresüberschuss festgestellt werden. Dieser fällt nach einem Peak von 63,3 Millionen € im Jahr 2017 erneut ab und erlebt 2020 nochmals einen Abstieg. Der operative Cashflow verhält sich über die Jahre wellenartig. Er bewegt sich im Jahr 2019 auf einem Maximalwert von 139,9 Millionen € und liegt 2020 bei 107,3 Millionen €. Hingegen erfährt die Eigenkapitalrentabilität nach einem Anstieg von 2016 (7,34 %) auf 2017 (10,4 %) einen stetigen Abgang, bis sie im Jahr 2020 bei nur 1,93 % liegt. Bei den für die Analyse herangezogenen Kosten ist ein Anstieg von 143,01 Millionen € (2016) bis auf einen Wert von 173,019 Millionen € (2019) zu erkennen. Im Jahr 2020 fallen diese wieder auf einen Wert von 160,717 Millionen € ab.

Tabelle 3.4 Geschäftsberichtanalyse Austria Metall AG. (Eigene Darstellung)

Kennzahl	Austria Metall AG (€)				
	2016	2017	2018	2019	2020
EBIT	73.000.000	86.800.000	60.600.000	61.100.000	25.300.000
Jahresüberschuss/-fehlbetrag	46.300.000	63.200.000	44.500.000	38.600.000	11.600.000
Umsatz	906.200.000	1.036.200.000	1.101.600.000	1.066.000.000	904.200.000
Bilanzsumme	1.389.700.000	1.404.900.000	1.561.200.000	1.501.700.000	1.549.300.000
Eigenkapital	630.500.000	607.900.000	620.900.000	619.300.000	601.400.000
operativer Cash Flow	114.900.000	101.800.000	94.300.000	139.900.000	107.300.000
Eigenkapitalrentabilität	7,34%	10,40%	7,17%	6,23%	1,93%
Personalaufwand	132.210.000	140.232.000	147.940.000	157.819.000	146.617.000
F&E-Aufwand	10.800.000	12.300.000	15.100.000	15.200.000	14.100.000
Gesamtkosten	143.010.000	152.532.000	163.040.000	173.019.000	160.717.000
Ertrag (Earnings on Capital Employed)	5,25%	6,18%	3,88%	4,07%	1,63%
Aufwand (Costs on Sales)	15,78%	14,72%	14,80%	16,23%	17,77%
Erfolg (Success on Capital Employed)	33%	42%	26%	25%	9%

Abbildung 3.3 stellt den Verlauf der Kennzahlen Ertrag, Aufwand und Erfolg dar. Dementsprechend ist das ertragreichste Jahr 2017 (6,18 %). Das aufwändigste Jahr ist anhand der Auswertung 2019 (16,23 %). Der größte Erfolg kann mit 42 % im Jahr 2017 erzielt werden. Anhand dieser Kennzahl lässt sich erkennen, dass der Erfolg des Unternehmens im Jahr 2020 starke Einbußen hinnehmen musste.

BASF SE

Die BASF SE (Tabelle 3.5) zeigt in ihren Geschäftsberichten einen EBIT-Verlauf, der 2017 mit 7,587 Millionen € seinen besten Wert in den vergangenen fünf Jahren aufgestellt hat. Über die Jahre 2018–2020 fällt dieser schließlich auf einen

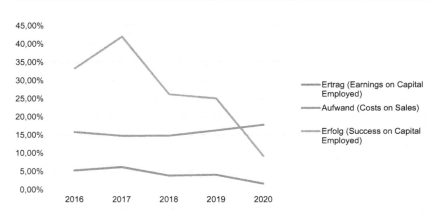

Abbildung 3.3 Success on Capital Employed der Austria Metall AG. (Eigene Darstellung)

Wert von −191 Millionen € ab. Der Jahresüberschuss von 2019 mit 8,421 Millionen € ergibt im Jahr 2020 ebenfalls ein Minus mit einem Fehlbetrag von insgesamt −1060 Millionen €. Der operative Cashflow verhält sich über die Jahre eher konstant zwischen einem Minimumwert von 10.165 Millionen € (2016) bis zu einem Maximalwert von 10.924 Millionen € (2019). Die Eigenkapitalrentabilität ist 2019 mit 19,88 % am höchsten und im Jahr 2020 mit −2,52 % an ihrem Tiefpunkt angelangt. Die Gesamtkosten verhalten sich über die Jahre stabil zwischen Werten von 12,028 Milliarden € (2016) bis 13,082 Milliarden € (2019).

Abbildung 3.4 zeigt den Verlauf von Ertrag, Aufwand und Erfolg der BASF SE. Der Verlauf des Ertrags erreicht 2019 (9,63 %) seinen Spitzenwert und fällt über die Jahre 2018 (6,9 %) bis 2020 auf seinen Tiefpunkt mit −0,24 %. Somit ist 2017 für die BASF SE das ertragreichste Jahr der letzten fünf Jahre. Der Aufwand hält sich relativ konstant und hat 2019 mit 22,05 % das aufwändigste Jahr zu verzeichnen. Folglich liegt das erfolgreichste Jahr bei 49 % (2017). Der schlechteste Jahresabschluss nach dem Success on Capital Employed hat das Unternehmen im Jahr 2020 (−1 %) zu verzeichnen.

Wacker Chemie AG
Der EBIT-Verlauf der Wacker Chemie AG (Tabelle 3.6) liegt im Jahr 2017 auf seinem 5-Jahres-Maximalwert (423,7 Millionen €). Im Jahr 2019 ist ein Negativwert von −536,3 Millionen € zu verzeichnen, der sich 2020 mit 262,8 Millionen € wieder regeneriert. Der Jahresüberschuss hat seinen deutlich besten Wert 2017

Tabelle 3.5 Geschäftsberichtanalyse BASF SE. (Eigene Darstellung)

Kennzahl	BASF SE (€)				
	2016	2017	2018	2019	2020
EBIT	6.275.000.000	7.587.000.000	5.974.000.000	4.201.000.000	-191.000.000
Jahresüberschuss/-fehlbetrag	4.056.000.000	6.078.000.000	4.707.000.000	8.421.000.000	-1.060.000.000
Umsatz	57.550.000.000	61.223.000.000	60.220.000.000	59.316.000.000	59.149.000.000
Bilanzsumme	76.496.000.000	78.768.000.000	86.556.000.000	86.950.000.000	80.292.000.000
Eigenkapital	32.568.000.000	34.756.000.000	36.109.000.000	42.350.000.000	42.081.000.000
operativer Cash Flow	7.717.000.000	8.785.000.000	7.939.000.000	7.474.000.000	5.413.000.000
Eigenkapitalrentabilität	12,45%	17,49%	13,04%	19,88%	-2,52%
Personalaufwand	10.165.000.000	10.610.000.000	10.659.000.000	10.924.000.000	10.600.000.000
F&E-Aufwand	1.863.000.000	1.888.000.000	1.994.000.000	2.158.000.000	2.100.000.000
Gesamtkosten	12.028.000.000	12.498.000.000	12.653.000.000	13.082.000.000	12.700.000.000
Ertrag (Earnings on Capital Employed)	8,20%	9,63%	6,90%	4,83%	-0,24%
Aufwand (Costs on Sales)	20,90%	20,41%	21,01%	22,05%	21,47%
Erfolg (Success on Capital Employed)	39%	47%	33%	22%	-1%

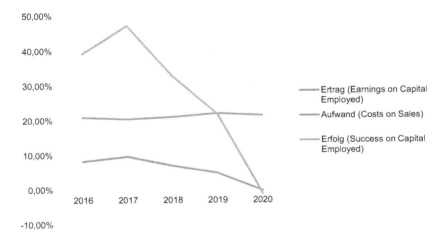

Abbildung 3.4 Success on Capital Employed der BASF SE. (Eigene Darstellung)

mit 884,8 Millionen € und erfährt ebenfalls einen hohen Fehlbetrag im Jahr 2019 (–629,6 Millionen €). Der operative Cashflow erreicht 2020 seinen besten Wert der letzten fünf Jahre und liegt 2018 auf seinem bislang niedrigsten Wert.

Die Eigenkapitalrentabilität ist im Jahr 2019 aufgrund des Fehlbetrags negativ (−31,03 %) und liegt 2017 auf seinem bislang besten Wert. Die Gesamtkosten sind relativ konstant zwischen Werten von 1,56 Milliarden € (2016) und 1,35 Milliarden € (2017).

Tabelle 3.6 Geschäftsberichtanalyse Wacker Chemie AG. (Eigene Darstellung)

Kennzahl	Wacker Chemie AG (€)				
	2016	2017	2018	2019	2020
EBIT	366.200.000	423.700.000	389.600.000	-536.300.000	262.800.000
Jahresüberschuss/-fehlbetrag	189.300.000	884.800.000	260.100.000	-629.600.000	202.300.000
Umsatz	5.404.200.000	4.924.200.000	4.978.800.000	4.927.600.000	4.692.200.000
Bilanzsumme	7.461.600.000	6.835.700.000	7.118.700.000	6.491.000.000	6.950.500.000
Eigenkapital	2.593.200.000	3.169.300.000	3.145.500.000	2.029.000.000	1.691.800.000
operativer Cash Flow	400.600.000	358.100.000	124.700.000	184.400.000	697.700.000
Eigenkapitalrentabilität	7,30%	27,92%	8,27%	-31,03%	11,96%
Personalaufwand	1.379.400.000	1.198.000.000	1.231.500.000	1.253.800.000	1.329.400.000
F&E-Aufwand	183.400.000	153.100.000	164.600.000	173.300.000	156.600.000
Gesamtkosten	1.562.800.000	1.351.100.000	1.396.100.000	1.427.100.000	1.486.000.000
Ertrag (Earnings on Capital Employed)	4,91%	6,20%	5,47%	-8,26%	3,78%
Aufwand (Costs on Sales)	28,92%	27,44%	28,04%	28,96%	31,67%
Erfolg (Success on Capital Employed)	17%	23%	20%	-29%	12%

Bei der Betrachtung des Ertrags (Abbildung 3.5) über den Zeitverlauf lässt sich 2017 (6,2 %) als stärkstes und 2019 (−8,26 %) als schwächstes Jahr bestimmen. Auf der Aufwandseite kann ein eher konstanter Verlauf mit einem Peak von 31,67 % im Jahr 2020 verzeichnet werden. In Summe bedeutet das für den Erfolg, dass das Jahr 2019 mit −29 % als das am wenigsten erfolgreiche Jahr angeführt und 2017 mit 23 % als das erfolgreichste Jahr der Wacker Chemie AG bezeichnet werden kann.

Modul- und Systemlieferanten:
Robert Bosch GmbH

Der EBIT-Verlauf der Robert Bosch GmbH (Tabelle 3.7) steigt mit den Jahren ab 2016 (3,59 Milliarden €) bis 2018 (5,5 Milliarden €) auf einen Maximalwert an und sinkt anschließend wieder stark ab. Der Tiefpunkt wird mit 2020 auf zirka 1,65 Milliarden € festgestellt. Der Jahresüberschuss weist einen ähnlichen Kurvenverlauf (2016 ~ 2,3 Milliarden €; 2018 ~ 3,57 Milliarden €) auf und sinkt im Jahr 2020 auf 749 Millionen € ab. Der operative Cashflow steigt hingegen über die Jahre konstant an und erreicht im Jahr 2020 einen Spitzenwert von

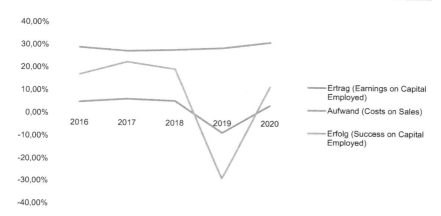

Abbildung 3.5 Success on Capital Employed der Wacker Chemie AG. (Eigene Darstellung)

ungefähr 9 Milliarden €. Die Eigenkapitalrentabilität zeichnet sich mit einem Peak von 9,18 % im Jahr 2018 aus und steigt trotz Anstieg des Eigenkapitals von 2016 bis 2018. Abschließend ist auch bei dieser Kennzahl ein Abfall auf 1,86 % im Jahr 2020 zu erkennen. Die Gesamtkosten verlaufen weitestgehend konstant und erleben 2019 einen Spitzenwert von in etwa 30 Milliarden €.

Tabelle 3.7 Geschäftsberichtanalyse der Robert Bosch GmbH. (Eigene Darstellung)

Kennzahl	Robert Bosch GmbH (€)				
	2016	2017	2018	2019	2020
EBIT	3.594.000.000	4.944.000.000	5.502.000.000	2.903.000.000	1.657.000.000
Jahresüberschuss/-fehlbetrag	2.374.000.000	3.274.000.000	3.574.000.000	2.060.000.000	749.000.000
Umsatz	73.129.000.000	78.066.000.000	78.465.000.000	77.721.000.000	71.794.000.000
Bilanzsumme	81.875.000.000	81.870.000.000	83.654.000.000	89.030.000.000	91.369.000.000
Eigenkapital	36.084.000.000	37.552.000.000	39.176.000.000	41.079.000.000	40.166.000.000
operativer Cash Flow	6.137.000.000	6.799.000.000	7.267.000.000	7.752.000.000	9.016.000.000
Eigenkapitalrentabilität	6,58%	8,72%	9,12%	5,01%	1,86%
Personalaufwand	21.315.000.000	22.266.000.000	22.219.000.000	23.824.000.000	22.483.000.000
F&E-Aufwand	6.911.000.000	7.264.000.000	5.963.000.000	6.229.000.000	6.044.000.000
Gesamtkosten	28.226.000.000	29.530.000.000	28.182.000.000	30.053.000.000	28.527.000.000
Ertrag (Earnings on Capital Employed)	4,39%	6,04%	6,58%	3,26%	1,81%
Aufwand (Costs on Sales)	38,60%	37,83%	35,92%	38,67%	39,73%
Erfolg (Success on Capital Employed)	11%	16%	18%	8%	5%

Die Ergebnisse der Geschäftsberichtsanalyse der Robert Bosch GmbH (Abbildung 3.6) zeigen bei der Ertragskennzahl einen Anstieg von 2016 (4,39 %) bis 2018 (6,58 %) und einen anschließenden Abfall bis 2020 auf einen Tiefstwert von 1,81 %. Der Aufwand sinkt von 2016 (38,6 %) bis 2018 (35,92 %) und steigt anschließend bis 2020 wieder auf einen Höchstwert von 39,73 % an. Daraus resultierend ergibt sich für 2020 das schlechteste und für 2018 das erfolgreichste Jahr des Unternehmens.

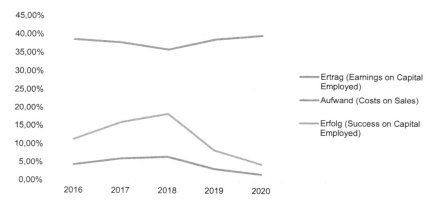

Abbildung 3.6 Success on Capital Employed der Robert Bosch GmbH. (Eigene Darstellung)

Continental AG

Der EBIT-Verlauf der Continental AG (Tabelle 3.8) hat einen ungefähr gleichen Verlauf wie der Jahresüberschuss. Beide Werte steigen von 2016 auf 2017 an und sinken anschließend im Jahr 2018 ab. In den Jahren 2019 und 2020 ist der EBIT negativ. Auch beim Ergebnis nach Steuern lässt sich ein Jahresfehlbetrag von −1,225 Milliarden € 2019 und −961,9 Millionen € im Jahr 2020 feststellen. Der operative Cashflow erlebt 2017 seinen Höchstwert und sinkt stetig mit den Folgejahren auf einen Wert von 2,714 Milliarden € im Jahr 2020 ab. Die Eigenkapitalrentabilität ist in den Jahren 2019 und 2020 negativ und in den Vorjahren (2016–2018) in etwa konstant. Die Gesamtkosten steigen von 2016 (12,5 Milliarden €) bis 2020 (15,15 Milliarden €) konstant an.

Der Ertrag (Abbildung 3.7) steigt von 2016 (11,32 %) bis 2017 (12,18 %) an und sinkt anschließend auf 9,96 % im Jahr 2018. In den Jahren 2019 (−0,63 %)

Tabelle 3.8 Geschäftsberichtanalyse der Continental AG. (Eigene Darstellung)

Kennzahl	Continental AG (€)				
	2016	2017	2018	2019	2020
EBIT	4.095.800.000	4.561.500.000	4.027.700.000	- 268.300.000	- 718.100.000
Jahresüberschuss/-fehlbetrag	2.451.600.000	2.451.900.000	2.897.300.000	- 1.225.000.000	- 961.900.000
Umsatz	40.549.500.000	44.009.500.000	44.404.400.000	44.478.400.000	37.722.300.000
Bilanzsumme	36.174.900.000	37.440.500.000	40.445.400.000	42.568.200.000	39.638.000.000
Eigenkapital	14.734.800.000	16.290.300.000	18.333.300.000	15.875.700.000	12.639.100.000
operativer Cash Flow	4.938.100.000	5.220.500.000	4.977.200.000	4.414.400.000	2.714.000.000
Eigenkapitalrentabilität	16,64%	15,05%	15,80%	-7,72%	-7,61%
Personalaufwand	9.695.700.000	10.687.300.000	11.125.300.000	11.750.000.000	11.768.700.000
F&E-Aufwand	2.812.000.000	3.104.000.000	3.209.000.000	3.364.000.000	3.382.000.000
Gesamtkosten	12.507.700.000	13.791.300.000	14.334.300.000	15.114.000.000	15.150.700.000
Ertrag (Earnings on Capital Employed)	11,32%	12,18%	9,96%	-0,63%	-1,81%
Aufwand (Costs on Sales)	30,85%	31,34%	32,28%	33,98%	40,16%
Erfolg (Success on Capital Employed)	37%	39%	31%	-2%	-5%

und 2020 (−1,81 %) sinkt der Ertrag ins Negative. Der Tiefpunkt des Ertrags ist mit 2020 bei −1,81 % erreicht. Der Aufwand steigt über die Jahre 2016 bis 2019 minimal an und erfährt 2020 einen Peak von 40,16 %. Folglich ist das erfolgreichste Jahr 2017 mit 39 %. Der schlechteste Jahresabschluss ist 2020 mit −5 % zu verzeichnen.

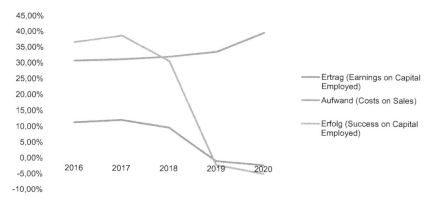

Abbildung 3.7 Success on Capital Employed der Continental AG. (Eigene Darstellung)

Mutares Group

Der EBIT der Mutares Group (Tabelle 3.9) steigt von 2016 (34,6 Millionen €) bis 2017 (40 Millionen €) an, fällt 2018 rapide ab und steigt anschließend wieder. Der Höchstwert wird 2020 mit 41,2 Millionen € erreicht. Beim Jahresüberschuss ist anfangs mit einem Anstieg von 20 Millionen € (2016) auf 50,9 Millionen € (2017) ein starkes Wachstum zu verzeichnen. Dieser fällt 2018 stark ab und pendelt sich bei zirka 14 Millionen € in den Jahren 2019 und 2020 ein. Der operative Cashflow liegt in den Jahren 2016 und 2017 im negativen Bereich, erholt sich 2018 mit einem positiven Ergebnis von zirka 7 Millionen € und erreicht sein Hoch 2019 mit 35 Millionen €. Im Jahr 2020 liegt der Cashflow aus operativem Ergebnis erneut im Negativen. Die Eigenkapitalrentabilität zeigt von 2016 (16,91 %) bis 2017 (30,76 %) beinahe eine Verdoppelung der Rentabilität an. Gleichzeitig erhöht sich das Eigenkapital. Bei einer erneuten Erhöhung des Eigenkapitals ist eine Absenkung der Eigenkapitalrentabilität auf einen Wert von 6,1 % im Jahr 2018 erkennbar. Dieser Wert bleibt in den Folgejahren 2019 und 2020 relativ konstant. Die Gesamtkosten der Mutares Group steigen ebenfalls von 2016 (160,5 Millionen €) bis 2017 (252 Millionen €) an und reduzieren sich 2018 auf einen Wert von 244,7 Millionen €. In den Folgejahren 2019 und 2020 steigen die Gesamtkosten auf einen Maximalwert von 426,2 Millionen € an.

Tabelle 3.9 Geschäftsberichtanalyse der Mutares Group. (Eigene Darstellung)

Kennzahl	Mutares Group (€)				
	2016	2017	2018	2019	2020
EBIT	34.600.000	40.000.000	19.400.000	26.200.000	41.200.000
Jahresüberschuss/-fehlbetrag	20.000.000	50.900.000	12.700.000	14.900.000	14.200.000
Umsatz	650.100.000	899.700.000	865.100.000	1.015.900.000	1.583.900.000
Bilanzsumme	532.200.000	672.800.000	630.800.000	848.500.000	1.327.200.000
Eigenkapital	118.300.000	165.500.000	208.100.000	208.200.000	207.200.000
operativer Cash Flow	- 34.100.000	- 29.100.000	7.100.000	35.000.000	- 8.200.000
Eigenkapitalrentabilität	16,91%	30,76%	6,10%	7,16%	6,85%
Personalaufwand	160.000.000	251.600.000	244.700.000	291.800.000	423.900.000
F&E-Aufwand	500.000	400.000	1.800.000	1.800.000	2.300.000
Gesamtkosten	160.500.000	252.000.000	246.500.000	293.600.000	426.200.000
Ertrag (Earnings on Capital Employed)	6,50%	5,95%	3,08%	3,09%	3,10%
Aufwand (Costs on Sales)	24,69%	28,01%	28,49%	28,90%	26,91%
Erfolg (Success on Capital Employed)	26%	21%	11%	11%	12%

Der Ertrag (Abbildung 3.8) liegt 2016 mit 6,5 % am höchsten und sinkt nach 2017 (5,95 %) erneut auf zirka 3,1 %. Dieser Wert hält sich bis 2020 stabil. Die Aufwandskennzahl steigt hingegen von 24,69 % (2016) bis 2019 auf einen

Höchstwert von 28,9 % an und sinkt 2020 erneut auf 26,91 %. Der Erfolg zeigt somit, dass das erfolgreichste Jahr der Mutares Group im Jahr 2016 stattfindet und anschließend trotz der scheinbar guten Zahlen nach 2017 (21 %) auf einen Tiefstwert von 11 % (2018 und 2019) sinkt. Im Jahr 2020 liegt der Erfolg bei 12 %.

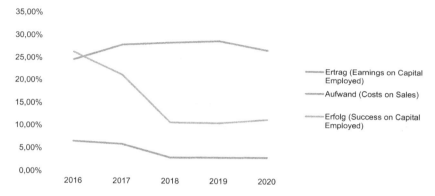

Abbildung 3.8 Success on Capital Employed der Mutares Group. (Eigene Darstellung)

ZF Friedrichshafen AG

Nach einem EBIT-Höchstwert (Tabelle 3.10) im Jahr 2017 mit 1,77 Milliarden € fällt dieser Wert im Jahr 2018 auf 1,5 Milliarden € und erreicht im Jahr 2020 mit −211 Millionen € seinen tiefsten Wert in den vergangenen fünf Jahren. Der Jahresüberschuss verhält sich in den Jahren 2017 und 2018 verhältnismäßig gut und sinkt bis 2020 auf einen Fehlbetrag von 2,3 Milliarden € ab. Der operative Cashflow hat 2017 seinen höchsten Wert und erreicht 2020 seinen Tiefpunkt (2,2 Milliarden €). Die Eigenkapitalrentabilität liegt in den Jahren 2017 und 2018 ebenfalls auf einem relativ guten Wert, sinkt dann in den Jahren 2019 und 2020 aufgrund des Jahresergebnisses stark ab. Die Gesamtkosten steigen mit den Jahren stetig an und erreichen 2019 mit zirka 10 Milliarden € den Höchstwert.

Der Ertrag der ZF Friedrichshafen AG (Abbildung 3.9) liegt 6,36 % auf seinem höchsten Wert und sinkt über die Jahre bis 2020 auf den Tiefpunkt ab (−0,57 %). Auf der Seite des Aufwands ist ein stetiger Anstieg von 2016 (25,8 %) bis 2020 (29,45 %) zu erkennen. Daraus ergibt sich das erfolgreichste Jahr mit 24 % 2017. Der Tiefpunkt in Bezug auf den Unternehmenserfolg ist mit −2 % im Jahr 2020 zu finden.

Tabelle 3.10   Geschäftsberichtanalyse der ZF Friedrichshafen AG. (Eigene Darstellung)

Kennzahl	ZF Friedrichshafen AG (€)				
	2016	2017	2018	2019	2020
EBIT	1.678.000.000	1.771.000.000	1.537.000.000	927.000.000	- 211.000.000
Jahresüberschuss/-fehlbetrag	362.000.000	786.000.000	771.000.000	37.000.000	- 2.342.000.000
Umsatz	35.166.000.000	36.444.000.000	36.929.000.000	36.518.000.000	32.611.000.000
Bilanzsumme	29.128.000.000	27.833.000.000	27.720.000.000	32.350.000.000	36.730.000.000
Eigenkapital	6.115.000.000	6.785.000.000	7.276.000.000	7.307.000.000	4.443.000.000
operativer Cash Flow	3.334.000.000	3.431.000.000	2.389.000.000	2.439.000.000	2.223.000.000
Eigenkapitalrentabilität	5,92%	11,58%	10,60%	0,51%	-52,71%
Personalaufwand	7.125.000.000	7.414.000.000	7.638.000.000	7.764.000.000	7.436.000.000
F&E-Aufwand	1.948.000.000	2.230.000.000	2.158.000.000	2.270.000.000	2.168.000.000
Gesamtkosten	9.073.000.000	9.644.000.000	9.796.000.000	10.034.000.000	9.604.000.000
Ertrag (Earnings on Capital Employed)	5,76%	6,36%	5,54%	2,87%	-0,57%
Aufwand (Costs on Sales)	25,80%	26,46%	26,53%	27,48%	29,45%
Erfolg (Success on Capital Employed)	22%	24%	21%	10%	-2%

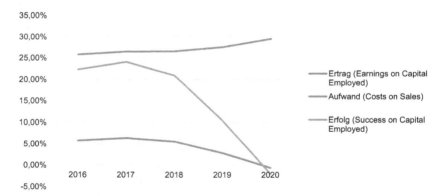

Abbildung 3.9   Success on Capital Employed der ZF Friedrichshafen AG. (Eigene Darstellung)

Original Equipment Manufacturer (OEM):
Bayrische Motoren Werke AG

Der EBIT (Tabelle 3.11) steigt von 2016 (9,39 Milliarden €) bis 2017 (9,9 Milliarden €) auf sein Maximum und sinkt anschließend über die folgenden drei Jahre auf schließlich 4,8 Milliarden € (2020) ab. Der Jahresüberschuss weist denselben Verlauf auf und verzeichnet 2017 mit 8,7 Milliarden € sein bestes Ergebnis der vergangenen fünf Jahre. Anschließend sinkt dieser auf ungefähr 3,9 Milliarden € (2020) ab. Der operative Cashflow weist eine Steigerung von 2016 (3,2 Milliarden €) bis 2017 (5,9 Milliarden €) und einen Abgang in den Jahren 2018 (5,01 Milliarden €) und 2019 (3,66 Milliarden €) auf. Das bisher beste Ergebnis des operativen Cashflows ist im Jahr 2020 mit in etwa 13,25 Milliarden € zu verzeichnen. Die Eigenkapitalrentabilität erreicht 2017 mit 15,9 % ihren Höchstwert und sinkt bis 2020 auf 6,27 % ab. Hinsichtlich der Gesamtkosten kann nach einem Anstieg von 2016 (16,7 Milliarden €) auf 2018 (19,4 Milliarden €) ein leichter Rückgang vermeldet werden. Der Wert zeigt in den Jahren 2019 (18,9 Milliarden €) und 2020 (18,5 Milliarden €) Stabilität.

Tabelle 3.11 Geschäftsberichtanalyse der Bayrischen Motoren Werke AG. (Eigene Darstellung)

Kennzahl	Bayrische Motoren Werke AG (€)				
	2016	2017	2018	2019	2020
EBIT	9.386.000.000	9.899.000.000	8.933.000.000	7.411.000.000	4.830.000.000
Jahresüberschuss/-fehlbetrag	6.910.000.000	8.675.000.000	7.064.000.000	5.022.000.000	3.857.000.000
Umsatz	94.163.000.000	98.282.000.000	96.855.000.000	104.210.000.000	98.990.000.000
Bilanzsumme	188.535.000.000	193.483.000.000	208.980.000.000	228.034.000.000	216.658.000.000
Eigenkapital	47.363.000.000	54.548.000.000	58.088.000.000	59.907.000.000	61.520.000.000
operativer Cash Flow	3.173.000.000	5.909.000.000	5.051.000.000	3.662.000.000	13.251.000.000
Eigenkapitalrentabilität	14,59%	15,90%	12,16%	8,38%	6,27%
Personalaufwand	11.535.000.000	12.052.000.000	12.479.000.000	12.451.000.000	12.244.000.000
F&E-Aufwand	5.164.000.000	6.108.000.000	6.890.000.000	6.419.000.000	6.279.000.000
Gesamtkosten	16.699.000.000	18.160.000.000	19.369.000.000	18.870.000.000	18.523.000.000
Ertrag (Earnings on Capital Employed)	4,98%	5,12%	4,27%	3,25%	2,23%
Aufwand (Costs on Sales)	17,73%	18,48%	20,00%	18,11%	18,71%
Erfolg (Success on Capital Employed)	28,07%	27,69%	21,38%	17,95%	11,91%

Der Ertrag (Abbildung 3.10) liegt im Jahr 2017 mit 5,12 % auf seinem Höchstwert. In den Folgejahren fällt dieser wieder auf einen Wert von 2,23 % im Jahr 2020. Der Aufwand zeigt einen Anstieg von 2016 (17,73 %) bis 2018 (20 %) und anschließend eine relativ konstante Ausrichtung in den Jahren 2019 (18,11 %) und 2020 (18,71 %). Dahingehend lässt sich 2016 (28,07 %) für die Bayerischen Motoren Werke AG als das erfolgreichste Jahr bestimmen. Dieser Wert fällt in den Folgejahren stetig ab und erreicht im Jahr 2020 mit einem Wert von 11,91 % seinen Tiefpunkt.

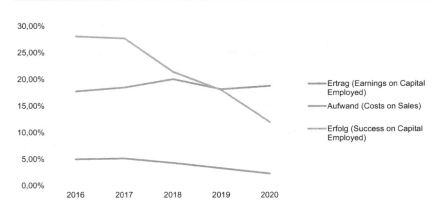

Abbildung 3.10 Success on Capital Employed der Bayrischen Motoren Werke AG. (Eigene Darstellung)

Daimler AG

Der EBIT-Verlauf der Daimler AG (Tabelle 3.12) zeigt im Jahr 2017 (14,7 Milliarden €) seinen bislang höchsten Wert der vergangenen fünf Jahre. Der Tiefpunkt wird im Jahr 2019 mit einem Wert von 4,3 Milliarden € erreicht, der im Jahr 2020 erneut auf 6,6 Milliarden € ansteigt. Hinsichtlich des Jahresüberschusses können im Jahr 2016 mit 5,9 Milliarden € die besten Ergebnisse erzielt werden. Der operative Cashflow zeigt ebenfalls einen Höchstpunkt im Jahr 2016 (8,5 Milliarden €), jedoch seinen Tiefpunkt im Jahr 2018 mit 343 Millionen €. Die Eigenkapitalrentabilität liegt im Jahr 2016 mit 9,92 % am höchsten und sinkt bis 2019 auf einen Wert von 4,31 % ab. Im Jahr 2020 steigt die Eigenkapitalrentabilität erneut auf 6,44 %. Die Gesamtkosten wachsen von 2016 (26,3 Milliarden €) bis 2019 auf einen Wert von 29,24 Milliarden € an. Im Jahr 2020 sinken diese erneut und erreichen einen Wert von ungefähr 28 Milliarden €.

Der Ertrag der Daimler AG (Abbildung 3.11) erreicht 2017 mit 5,74 % den bislang höchsten Wert und sinken bis 2019 auf 1,43 %. Damit wird in diesem Jahr der Tiefpunkt der vergangenen fünf Jahre erreicht. Im Jahr 2020 steigt der Ertrag erneut auf 2,31 %. Der Aufwand erreicht im Jahr 2018 mit 25,79 % seinen bislang höchsten Wert. Der niedrigste Aufwand wird 2019 mit 16,93 % erreicht. Daraus folgt für den Erfolg, dass das schlechteste Jahr 2019 mit 8,42 % bekleidet und das erfolgreichste Jahr 2017 mit 33,56 % zu verzeichnen ist.

Tabelle 3.12 Geschäftsberichtanalyse der Daimler AG. (Eigene Darstellung)

Kennzahl	Daimler AG (€)				
	2016	2017	2018	2019	2020
EBIT	12.902.000.000	14.682.000.000	11.300.000.000	4.313.000.000	6.603.000.000
Jahresüberschuss/-fehlbetrag	5.868.000.000	4.982.000.000	5.022.000.000	2.709.000.000	4.009.000.000
Umsatz	153.261.000.000	164.330.000.000	112.491.000.000	172.745.000.000	154.309.000.000
Bilanzsumme	242.988.000.000	255.605.000.000	281.619.000.000	302.438.000.000	285.737.000.000
Eigenkapital	59.133.000.000	65.314.000.000	66.053.000.000	62.841.000.000	62.248.000.000
operativer Cash Flow	8.500.000.000	7.200.000.000	343.000.000	6.800.000.000	2.600.000.000
Eigenkapitalrentabilität	9,92%	7,63%	7,60%	4,31%	6,44%
Personalaufwand	21.141.000.000	22.186.000.000	22.432.000.000	22.657.000.000	21.848.000.000
F&E-Aufwand	5.200.000.000	5.938.000.000	6.581.000.000	6.586.000.000	6.116.000.000
Gesamtkosten	26.341.000.000	28.124.000.000	29.013.000.000	29.243.000.000	27.964.000.000
Ertrag (Earnings on Capital Employed)	5,31%	5,74%	4,01%	1,43%	2,31%
Aufwand (Costs on Sales)	17,19%	17,11%	25,79%	16,93%	18,12%
Erfolg (Success on Capital Employed)	30,89%	33,56%	15,56%	8,42%	12,75%

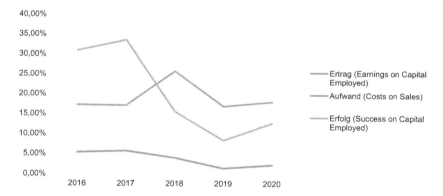

Abbildung 3.11 Success on Capital Employed der Daimler AG. (Eigene Darstellung)

Volkswagen AG

Der EBIT der Volkswagen AG (Tabelle 3.13) verläuft von 2016 (7,3 Milliarden €) bis 2018 (15,6 Milliarden €) mit einem positiven Anstieg, fällt 2019 auf 11,7 Milliarden € und erreicht 2020 mit 18,4 Milliarden € seinen Höchstwert der letzten fünf Jahre. Der Jahresüberschuss hingegen steigt von 2016 (5,4 Milliarden €) bis 2019 auf ungefähr 14 Milliarden € an und fällt 2020 auf zirka 8,8 Milliarden € zurück. Der operative Cashflow weist große Volatilität auf. 2016 liegt dieser bei 7,1 Milliarden €, 2017 bei –1,2 Milliarden und 2018 erneut bei positiven 7,3 Milliarden €. In den Jahren 2019 und 2020 steigt er erneut stark an und erreicht schließlich beinahe 25 Milliarden €. Die Eigenkapitalrentabilität erfährt ihren Tiefpunkt 2016 mit 5,79 % und bleibt von 2017 (10,51 %) bis 2019 (11,35 %) relativ konstant. Im Jahr 2020 fällt dieser Wert erneut auf 6,85 % zurück. Bei der Betrachtung der Gesamtkosten lässt sich von 2016 (41,7 Milliarden €) bis 2019 (49 Milliarden €) ein stetiger Anstieg erkennen. 2020 sinkt dieser wieder auf 46,4 Milliarden €.

Tabelle 3.13   Geschäftsberichtanalyse der Volkswagen AG. (Eigene Darstellung)

Kennzahl	Volkswagen AG (€)				
	2016	2017	2018	2019	2020
EBIT	7.292.000.000	13.673.000.000	15.643.000.000	11.667.000.000	18.356.000.000
Jahresüberschuss/-fehlbetrag	5.379.000.000	11.463.000.000	12.153.000.000	14.029.000.000	8.824.000.000
Umsatz	217.267.000.000	229.550.000.000	235.849.000.000	252.632.000.000	222.884.000.000
Bilanzsumme	409.732.000.000	422.193.000.000	458.156.000.000	488.071.000.000	497.114.000.000
Eigenkapital	92.910.000.000	109.077.000.000	117.342.000.000	123.651.000.000	128.783.000.000
operativer Cash Flow	7.103.000.000	- 1.185.000.000	7.272.000.000	17.983.000.000	24.901.000.000
Eigenkapitalrentabilität	5,79%	10,51%	10,36%	11,35%	6,85%
Personalaufwand	37.017.000.000	38.950.000.000	41.158.000.000	42.913.000.000	40.516.000.000
F&E-Aufwand	4.700.000.000	4.800.000.000	5.600.000.000	6.100.000.000	5.900.000.000
Gesamtkosten	41.717.000.000	43.750.000.000	46.758.000.000	49.013.000.000	46.416.000.000
Ertrag (Earnings on Capital Employed)	1,78%	3,24%	3,41%	2,39%	3,69%
Aufwand (Costs on Sales)	19,20%	19,06%	19,83%	19,40%	20,83%
Erfolg (Success on Capital Employed)	9,27%	16,99%	17,22%	12,32%	17,73%

Der Ertrag der Volkswagen AG (Abbildung 3.12) erfährt seinen niedrigsten Wert im Jahr 2016 mit 1,78 % und steigt bis 2018 auf 3,41 %. Nach einem Rückgang im Jahr 2019 erreicht der Ertrag im Jahr 2020 mit 3,69 % seinen höchsten Wert. Der Aufwand verhält sich konstant und bewegt sich vom niedrigsten Wert aus 2017 mit 19,06 % bis zum höchsten Wert aus 2020 mit 20,83 %. Folglich kann 2016 als das erfolgloseste Jahr der vergangenen fünf Jahre bestimmt werden, während das erfolgreichste 2020 mit 17,73 % zu verzeichnen ist.

Vergleich entlang der Lieferkette:
Dieser Abschnitt zeigt auf, inwiefern die Unternehmen gemeinsam in ihrer Position entlang der Lieferkette erfolgreich waren. Dafür werden die Unternehmen – wie in Abschnitt 3.1.1 „Beschreibung der Vorgehensweise" erläutert – zusammengefasst und miteinander verglichen. Hierfür wird aus den bislang

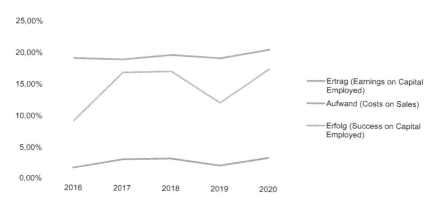

Abbildung 3.12   Success on Capital Employed der Volkswagen AG

beschriebenen Kennzahlen jeweils der Mittelwert der einzelnen Kategorien der Jahre 2016 bis 2020 herangezogen.

Tabelle 3.14   Geschäftsberichtanalyse Gesamtbetrachtung. (Eigene Darstellung)

Kennzahl	Mittelwert Rohstoff- und Teilelieferanten	Mittelwert Modul- und Systemlieferanten	Mittelwert OEM
EBIT	1.670.586.667	1.808.100.000	10.459.333.333
Jahresüberschuss/-fehlbetrag	1.554.206.667	868.580.000	7.064.400.000
Umsatz	21.826.613.333	38.651.090.000	160.521.200.000
Bilanzsumme	30.088.420.000	39.091.875.000	311.956.200.000
Eigenkapital	13.571.520.000	15.238.175.000	77.918.533.333
operativer Cash Flow	2.643.446.667	3.651.095.000	7.504.200.000
Eigenkapitalrentabilität	7,86%	5,36%	9,20%
Personalaufwand	4.004.994.533	10.294.150.000	24.771.933.333
F&E-Aufwand	726.766.667	2.953.140.000	5.892.066.667
Gesamtkosten	4.731.761.200	13.247.290.000	30.664.000.000
Ertrag (Earnings on Capital Employed)	4,16%	4,74%	3,54%
Aufwand (Costs on Sales)	22,01%	31,60%	19,10%
Erfolg (Success on Capital Employed)	21,22%	15,75%	18,78%

Tabelle 3.14 zeigt den Gesamtvergleich der drei Supply-Chain-Kategorien ‚Rohstoff- und Teilelieferanten' (am weitesten vom Endkonsument entfernt), ‚Modul- und Systemlieferanten' (unmittelbare Lieferanten der OEM) sowie der original Fahrzeughersteller (jene, die Fahrzeuge herstellen und durch Belieferung der Händler die Fahrzeuge auf den Markt bringen). Der Mittelwert des EBIT-Vergleichs wie auch der Jahresüberschuss zeigen, dass die OEM-Kategorie finanziell deutlich stärker in der ASC auftritt. Auch das durchschnittliche Umsatzvolumen deutet auf eine entsprechende Überlegenheit hin. Im Vergleich des durchschnittlichen operativen Cashflows schneiden die Rohstoff- und Teilelieferanten am schlechtesten ab, die OEM hingegen am besten. In Hinblick auf die Eigenkapitalrentabilität wird aufgezeigt, dass die Modul- und Systemlieferanten den niedrigsten Durchschnittswert erzielen konnten. Auch hier schneiden die OEM durchschnittlich am besten ab. In Bezug auf die Gesamtkosten, bestehend aus Personalaufwand sowie Aufwand aus Forschung und Entwicklung, wurde bei den OEM deutlich mehr aufgewendet als bei den anderen beiden Kategorien.

In Summe bedeutet das, dass den größten Ertrag (Abbildung 3.13) entsprechend der Earnings on Capital Employed die Modul- und Systemlieferanten mit einem Wert von 4,74 % haben. Gefolgt von den Rohstoff- und Teilelieferanten mit 4,16 % und abschließend mit den OEM (3,54 %).

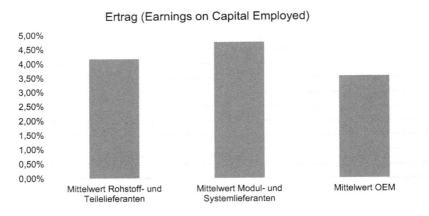

Abbildung 3.13   Ertrag im Gesamtvergleich. (Eigene Darstellung)

Der größte Aufwand (Abbildung 3.14), entsprechend den Costs on Sales, konnte mit 31,6 % bei den Modul- und Systemlieferanten verzeichnet werden, gefolgt von Rohstoff- und Teilelieferanten mit 21,22 % und den OEM mit 19,1 %.

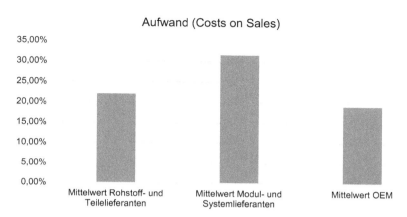

Abbildung 3.14   Aufwand im Gesamtvergleich. (Eigene Darstellung)

Auf den Erfolg (Abbildung 3.15), das heißt den Success on Capital Employed bezogen, bedeutet das, dass die erfolgreichsten Unternehmen jene der Rohstoff- und Teilelieferanten-Kategorie mit einem Durchschnittswert von 21,22 % sind. Die Mitte wird von den OEM mit einem Erfolgswert von 18,78 % eingenommen. Abschließend treten die Modul- und Systemlieferanten mit dem niedrigsten Durchschnittswert von 15,75 % auf.

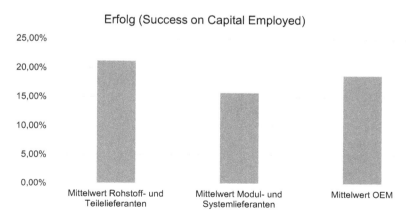

Abbildung 3.15   Erfolg im Gesamtvergleich. (Eigene Darstellung)

3.2   Expert*inneninterviews

Zur Beantwortung des zweiten Abschnitts der leitenden Fragestellungen aus
Abschnitt 1.2 „Zielsetzung" werden im Folgenden Expert*inneninterviews
geführt. Zunächst wird beschrieben, wie vorgegangen wurde, bevor die Ergebnisse vorgestellt werden.

3.2.1   Beschreibung der Vorgehensweise

Im Rahmen der Masterarbeit sollen Motive und Anforderungen zur Offenlegung
von Finanzdaten entlang der Supply-Chain in der Automotive-Industrie identifiziert werden. Um diese Motive und Verhaltensweisen sowie Voraussetzungen
dafür erheben zu können, eignet sich ein qualitatives Tiefeninterview mithilfe
eines Leitfragebogens am besten. Ein besonderer Vorteil ist die Aufnahme von
gesamten Argumentationsketten und vollständigen Gedanken, die zu einem Ein-
zelaspekt führen (Kreis, Wildner, Kuß 2021, 57 ff.). Tiefeninterviews zeichnen
sich laut Magerhans durch eine kleine Fallzahl sowie eine ‚psychologischen,
offenen Exploration' aus. Hierbei interessieren auch Lösungsvorschläge, die in
einer möglichst normalen Gesprächssituation erarbeitet werden. Dafür ist ein
großer Freiraum für ‚das Einbringen von Gedanken, Emotionen und Wünschen'
essenziell (Magerhans 2016, 169 ff.).
      Die Analyse der Aussagen erfolgt anschließend mithilfe einer qualitativen
Inhaltsanalyse nach Mayring. Hierzu werden zuerst die Aussagen transkribiert.
Nach Abschluss des Interviews werden Kategorien auf Basis der gewonnenen
Aussagen gebildet. Die einzelnen Gesprächsteile werden dann diesen Kategorien mithilfe einer Exceltabelle zugeordnet und im Ergebnisteil dieser Arbeit
dargestellt (Baur und Blasius 2019, 633 ff.).
      Folgende Auflistung gibt einen Überblick über die einzelnen Bestandteile des
Interviews (Magerhans 2016, 172 f.):

- Begrüßung
- Eingangsfrage als Eisbrecher
- Neutrale Aufforderung bezüglich Rückfragen der befragten Person
- Positive, verstärkende Bewertung nach Rückfrage der Befragungsperson
- Präzisierungen
- Rettungsfragen, falls es nicht mehr weitergeht
- Zusatzfragen nach Abschluss des Interviews
- Verabschiedung

Expert*innen, die in dieser Arbeit interviewt werden, sind Vertreter*innen von Rohstofflieferanten, Teilelieferanten, Fahrzeugherstellern sowie Händler, die im Wesentlichen mit den Geschäften mit Kunden, aber auch Lieferanten zu tun haben. Somit fallen Einkäufer, Supply-Chain-Manager und Personen aus dem Vertrieb in die Expert*innengruppe. Das Interview erfolgt je nach bevorzugter Sprache des Befragten auf Deutsch oder Englisch mithilfe des Leitfragebogens, der sich an der obigen Auflistung orientiert. Entscheidende Faktoren für die Auswahl von Unternehmen sind einerseits die Verfügbarkeit von Interviewpartnern und andererseits die Datenlage, die Aussagen darüber gibt, ob die jeweiligen Unternehmen einen repräsentativen Anteil der Automobilbranche abdecken.

3.2.2 Stichprobe der Expert*inneninterviews

Im Rahmen der Expert*inneninterviews wurden insgesamt 62 Interviewanfragen gestellt, woraus schließlich 16 Interviews zustande gekommen sind. Der Befragungszeitraum umfasste die Monate von Anfang Februar 2022 bis Ende April 2022. Der Zeitraum der Befragungen war durch die COVID-19-Pandemie sowie den bevorstehenden Krieg zwischen Russland und der Ukraine geprägt.

Die nachfolgenden Tabellen geben einen Überblick über die gewählte Stichprobe:

Tabelle 3.15 Interviewstichprobe – Rohstoff- und Teilelieferanten. (Eigene Darstellung)

	Codierung	Funktion	Beschäftigungsdauer
Rohstoff- und Teilelieferanten	Unternehmen 7	Key-Account-Manager	16 Jahre
	Unternehmen 9	Controllingleiter	8 Jahre
	Unternehmen 10	Senior Marketing Manager	12 Jahre
	Unternehmen 12	Controllingleiter	4 Jahre

Tabelle 3.15 zeigt die Unternehmensvertreter*innen der Kategorie ‚Rohstoff- und Teilelieferanten‘. Insgesamt konnten vier Interviews geführt werden. Als Interviewpartner*innen standen Personen aus Bereichen zur Verfügung, die entlang der ASC miteinander kommunizieren. In ihrer Funktion waren sie hauptsächlich im Vertrieb, im Marketing beziehungsweise im Controlling tätig und sind zumindest länger als vier Jahre im Unternehmen und somit auch in dieser Branche beschäftigt.

Der Vertreter beziehungsweise die Vertreterin von Unternehmen 7 beschäftigt sich täglich mit Neukundenakquise, Preisgestaltung, Forecasterstellung, Kapazitätsplanung, Zahlungen sowie Reklamationen und allem, was um das Geschäft herum anfällt.

Der beziehungsweise die Expert*in aus Unternehmen 9 verantwortet das Reporting, Projektabwicklungen, Investitionsthemen und fungiert als Service für verschiedene Abteilungen.

Der beziehungsweise die Expert*in des Unternehmens 10 ist hauptsächlich mit der Preisbildung und diversen Angebotsthemen beschäftigt.

Der beziehungsweise die Expert*in aus Unternehmen 12 agiert vor allem projektgetrieben, indem Szenarioanalysen, Sonderanalysen und Personalverwaltung koordiniert und auch selbst durchgeführt werden.

Tabelle 3.16 Interviewstichprobe – Modul- und Systemlieferanten. (Eigene Darstellung)

	Codierung	Funktion	Beschäftigungsdauer
Modul- und Systemlieferanten	Unternehmen 2	Einkaufsleiter	18 Jahre
	Unternehmen 3	Einkaufsleiter	5 Jahre
	Unternehmen 8	Einkaufsleiter	5 Jahre
	Unternehmen 11	Einkaufsleiter	6 Jahre
	Unternehmen 14	Chief Financial Officer	22 Jahre
	Unternehmen 15	Leiter Supply Chain Management	10 Jahre
	Unternehmen 16	Leiter Supply Chain Management	20 Jahre

Tabelle 3.16 stellt einen Überblick der Interviewpartner*innen aus der Kategorie ‚Modul- und Systemlieferanten' dar. Insgesamt konnten in dieser Kategorie sieben Interviews geführt werden. Befragt wurden Einkaufsleiter, Leiter des Supply-Chain-Managements sowie ein Chief-Financial-Officer. In dieser Kategorie sind die Teilnehmer*innen zumindest länger als fünf Jahre im Unternehmen sowie in der Branche vertreten.

Der beziehungsweise die Expert*in des Unternehmens 2 zählt die Lieferanten- und Materialfeldstrategie sowie die Sicherstellung der Complianceregelungen und die Kapazitätsabsicherung zu seinem Tagesgeschäft.

Der beziehungsweise die Expert*in des Unternehmens 3 spricht von einer Abteilung, in der strategischer und operativer Einkauf erfolgt. Aktuell beschränkt sich das Tagesgeschäft auf Krisenbewältigung. Konkret wird darunter verstanden, die Versorgungssicherheit zu gewährleisten beziehungsweise die Lagerkapazitäten zu optimieren.

Der beziehungsweise die Expert*in aus Unternehmen 8 verantwortet das Identifizieren der strategischen Entwicklung bestimmter Bereiche, um die Aufgaben des Supply-Chain-Managements entsprechend anzupassen. Darüber hinaus zählt das Thema Preisstabilität zum Verantwortungsbereich.

Der beziehungsweise die Expert*in des Unternehmens 11 sieht die Sicherstellung der Fertigungsstraßen als seine/ihre Kernaufgabe im operativen Bereich seiner/ihrer Tätigkeiten. Die Krise sorgt für ein stärkeres Zukurzkommen des strategischen Einkaufs. Dazu zählen die Generierung eines möglichst hohen Wertschöpfungsanteils, die Gewährleistung von Agilität, die Vereinfachung von Prozessen sowie das Optimieren der Strukturen hin zu mehr Wettbewerbsfähigkeit.

Der beziehungsweise die Expert*in des Unternehmens 14 schätzt das Projektcontrolling, die Kalkulation neuer Aufträge, die Geschäftsplanung sowie ein monatliches Reporting als sein beziehungsweise ihr Tagesgeschäft ein.

Der beziehungsweise die Expert*in des Unternehmens 15 agiert in seinem beziehungsweise ihrem Tagesgeschäft hauptsächlich dahingehend, die operative Lagersteuerung sowie die Zusammenarbeit mit Logistikdienstleistern zu gewährleisten. Hinzu kommen die Warenbeschaffung und das Inventory-Management, die Ausplanung der Bestände sowie die Planung mit Großkunden.

Der beziehungsweise die Expert*in des Unternehmens 16 verantwortet in seinem/ihrem Tagesgeschäft die Logistik, die Lagerverwaltung, das Transportmanagement sowie die Fertigung beziehungsweise Produktkonfiguration. Abschließend fällt die Verantwortung für die Rückführung fehlerhafter Baugruppen in den Verantwortungsbereich.

Tabelle 3.17 Interviewstichprobe – OEM. (Eigene Darstellung)

	Codierung	Funktion	Beschäftigungsdauer
OEM	Unternehmen 1	Einkäufer	3 Jahre
	Unternehmen 4	Risikomanager	20 Jahre
	Unternehmen 13	Einkaufscontroller	9 Jahre

Tabelle 3.17 spiegelt die Interviewpartner der Kategorie ‚OEM' wider und zeigt, dass Einkäufer, Einkaufscontroller sowie Risikomanager befragt wurden und zumindest länger als drei Jahre im Unternehmen sind.

Der beziehungsweise die Expert*in des Unternehmens 1 ist direkte*r Ansprechpartner*in für alle zugewiesenen Lieferanten, führt die Preisverhandlungen und -abstimmungen und ist weiters für die Lieferantenauswahl und Sicherstellung der Vertragseinhaltungen seiner/ihrer Lieferanten zuständig.

Der beziehungsweise die Expert*in des Unternehmens 4 beschäftigt sich in seinem beziehungsweise ihrem Tagesgeschäft mit dem Risikomanagement, der Meetingkoordination mit Einkauf und Supply-Chain-Management, um alle Werke global zu vernetzen, und ist zudem verantwortlich für das finanzielle Risikomanagement, für die Produktionsüberwachung und für die Weiterbildung für den Einkauf. Abschließend fallen Nachhaltigkeitsthemen in den Verantwortungsbereich.

Der beziehungsweise die Expert*in des Unternehmens 13 verantwortet das monatliche Reporting, die operative Planung, führt Beratungen für unterschiedliche Segmente im Unternehmen durch und erstellt Ad-hoc-Berichte für interne Stakeholder.

Tabelle 3.18   Interviewstichprobe – Händler. (Eigene Darstellung)

	Codierung	Funktion	Beschäftigungsdauer
Händler	Unternehmen 5	Kaufmännischer Leiter	3 Jahre
	Unternehmen 6	Chief Financial Officer	39 Jahre

Die Kategorie der ‚Händler' (Tabelle 3.18) umfasst insgesamt zwei Interviews. Diese wurden zum einen mit einem kaufmännischen Leiter und zum anderen mit einem Chief-Financial-Officer geführt. Die Praxistiefe kann durch die Beschäftigung von mindestens drei Jahren im selben Unternehmen und damit in der Automotive-Branche sichergestellt werden.

Der beziehungsweise die Expert*in des Unternehmens 5 verantwortet die Buchhaltung und das Controlling sowie das Personalwesen und die Disposition. Dazu gehören unter anderem Monats- und Jahresabschlüsse beziehungsweise Projekte, beispielsweise neue Standorte.

Der beziehungsweise die Expert*in des Unternehmens 6 versteht sich als Generalist*in im Betrieb und verantwortet Buchhaltung, Controlling sowie Personal.

3.2.3 Ergebnisdarstellung der Expert*inneninterviews

Kommunikationskanäle entlang der Lieferkette

Die Art und Weise, wie entlang von Lieferketten in der ASC kommuniziert wird und Daten beziehungsweise Informationen ausgetauscht werden, wird in vielerlei Hinsicht durch die großen Akteure vorgegeben.

Rohstoff- und Teilelieferanten sagten dahingehend aus, dass sie hauptsächlich den persönlichen Kontakt via E-Mail, Telefon, Online- oder Face-to-Face-Meetings sicherstellen. Im Vertrieb werden Anwendungen eingesetzt, um Daten zu verwalten. Auch Plattformen werden verwendet, um den Dokumentenaustausch zu gewährleisten. Darunter fallen beispielsweise Zeichnungen, Spezifikationen, aber auch Preisänderungen, die im Rahmen von Ausschreibungen übermittelt werden müssen. Zwar existieren auch EDI-Schnittstellen, jedoch läuft das Geschäft meist persönlich über die direkte Kommunikation ab.

Modul- und Systemlieferanten schätzten Kommunikation zu Kunden wie auch Lieferanten als relevant ein. Auch in dieser Kategorie findet die Kommunikation, zumindest in Richtung der Lieferanten, auf einer persönlichen Ebene statt. Vor allem die Bekanntgabe von Ausschreibungen erfolgt über Plattformen, für deren Nutzung die einzelnen Unternehmen bezahlen, um überhaupt erst angefragt zu werden beziehungsweise sich für eine Ausschreibung bewerben zu können. Auch in Richtung der OEM existieren EDI-Anschlüsse, um beispielsweise zu kommunizieren, wann welche Güter wo sein müssen. Mit langfristigen Lieferanten werden gemeinsame Laufwerke eingerichtet. Klassische Anfragewerkzeuge wie Server mit gesammelten Daten zu den Lieferanten, Customer-Relationship-Management(CRM)-Module und Fragebögen für konkrete Themen sowie Management-Reviews runden die Kommunikationskanäle der Modul- und Systemlieferanten ab. Zumeist wurde ausgesagt, dass in Richtung der Lieferanten, sprich vom OEM weg, mehr über E-Mails und Chatanwendungen beziehungsweise Videochats kommuniziert wird, in Richtung OEM hauptsächlich mithilfe von Plattformen. Ob EDI-Schnittstellen oder gemeinsame IT-Infrastruktur genutzt wird, hängt laut Aussagen der Expert*innen mit der Größe der Unternehmen zusammen.

Vertreter*innen der OEM aus dem Expert*innenkreis sprachen ebenfalls von Kommunikation über Telefon, E-Mail, Videokonferenzen, aber auch von Vor-Ort-Meetings bei Kunden beziehungsweise Lieferanten. Vertrags- und Preisabschlüsse mit Lieferanten sowie EDI-Schnittstellen direkt ins ERP-System des OEM existieren ebenfalls, um die Kommunikation formeller Themen aufrechtzuerhalten. Ergänzend zu den bisher erwähnten Punkten, brachten die OEM sogenannte Meetings zur Strategievermittlung mit Lieferanten sowie intern ins Spiel. Auch offizielle Briefe werden verwendet, um eine Entscheidung mit offizieller Unterschrift zu verkünden oder um Verträge zu übermitteln. Vor allem werden kritische Informationen via Brief oder E-Mail versendet, um auf Probleme aufmerksam zu machen beziehungsweise darüber zu informieren. In regelmäßigen Loops werden Lieferanten mit Umfragen bedient, um hinsichtlich derer Situation stets auf dem aktuellen Stand zu sein. Verhandlungen selbst werden immer vor Ort beim Lieferanten oder im Haus des OEM durchgeführt. Geheimhaltungsvereinbarungen werden schließlich wieder über Plattformen getroffen.

Händler bedienen ebenfalls Telefon, E-Mail und Onlineportale, um den Hauptteil der Kommunikation abzudecken. Jedoch ist dies davon abhängig, um welche Inhalte es sich handelt. Bei Teile- und Fahrzeugbestellungen werden stets werkseigene Kommunikationswege eingesetzt, da diese die Weiterverarbeitung der eingegebenen Daten unterstützen. Videokonferenzen haben Telefonate abgelöst, da diese doch noch etwas persönlicher sind und vor allem während der COVID-19-Pandemie nur wenige Face-to-Face-Meetings möglich waren.

Es kann zusammengefasst werden, dass es einerseits persönliche, direkte und oftmals informelle Kommunikation gibt und andererseits durchaus formelle, IT-unterstützte Kanäle und Plattformen angewendet werden, um Informationen und Daten entlang der Lieferkette auszutauschen. Zu den persönlichen und direkten Kommunikationswegen zählen unter anderem Telefonanrufe, E-Mail-Verkehr, Onlinemeetings sowie Face-to-Face-Meetings vor Ort bei Lieferanten beziehungsweise Kunden. Als indirekte und eher unpersönliche Kommunikationskanäle wurden Anwendungen zur gemeinsamen Datenverwaltung, Plattformen und Onlineportale sowie EDI-Schnittstellen und gemeinsame Laufwerke beziehungsweise Server mit Lieferantendaten genannt. Sofern relevante Dokumente mit offizieller Unterschrift übermittelt werden müssen, sei es aufgrund von Verträgen oder Entscheidungen, werden diese oft über den Postweg als Brief ausgetauscht. Welche Kanäle konkret angewendet werden, hängt vom Inhalt der Information ab. Regelmäßige Umfragen beziehungsweise Fragebögen werden oftmals von den OEM an die Lieferanten und Händler ausgegeben, um Feedback zur aktuellen Situation zu erhalten.

Einfluss von Vertrauen auf die Wettbewerbsfähigkeit
Inwiefern sich untereinander vertraut wird, hängt von der Beziehung zwischen Geschäftspartnern ab. Die OEM wollen es nach Aussage von Rohstoff- und Teilelieferanten eher unpersönlich ablaufen lassen, indem sie die von ihnen zur Verfügung gestellten Ansprechpartner häufig wechseln und so keine Beziehung entstehen kann. Ein gewisses Grundvertrauen, dass übermittelte Daten vom Geschäftspartner nicht an Dritte weitergeleitet werden, muss aber gegeben sein.

Der Umgang miteinander basiert auf menschlicher Ebene. Vertrauen baut sich jedoch nur langfristig auf und besteht somit nicht von heute auf morgen. Hierbei dreht sich Vertrauen vielmehr um Lieferfähigkeit. Steigende Transparenz entlang der Lieferkette bietet laut Unternehmen 9 keinen Vertrauenszuschuss. Es solle vielmehr ein Mechanismus entwickelt werden, mit dem beispielsweise Rohstoff-preisfluktuationen an die Kunden weitergereicht werden können, sodass keine ständigen Preisanpassungen erforderlich sind. Unternehmen 10 sah in Vertrauen ebenfalls zwar einen Mehrwert, um weitere Projekte zu erhalten oder Preiserhö-hungen besser durchsetzen zu können. Dies dürfte jedoch laut der Aussage dieser Expertin beziehungsweise dieses Experten keine Vorteile durch mehr Transparenz einbringen. Wenn laut Unternehmen 12 ein Lieferant oder Kunde behauptet, dass es ihm gut geht, so sollte diese Aussage mit Vorsicht aufgenommen werden. Es geht laut dieser Expertin beziehungsweise diesem Experten vielmehr darum, wie gut die Personen gekannt werden, und bei langfristigen Beziehungen sei dieses Vertrauen eher gegeben. Langfristige Kunden werden im Falle kritischer Situa-tionen teilweise trotzdem beliefert. Rohstoff- und Teilelieferanten erkannten das Thema Vertrauen zwar im geschäftlichen Sinne, jedoch stellten sie keine Förderung des Vertrauens durch beispielsweise steigende Transparenz fest. Bei der Frage über die Richtigkeit der Daten, die übermittelt werden, stimmten Rohstoff- und Teilelieferanten mit der Aussage überein, dass diese plausibilisiert werden, indem auf öffentlich zugängliche Daten zugegriffen wird. Beispielsweise kann auf Landesebene festgestellt werden, zu welchen Stundensätzen die Unternehmen fertigen müssten. Diese Daten sollten möglichst von externen Agenturen auditiert werden, sodass Gewissheit über die Richtigkeit besteht. Andere Unternehmen die-ser Kategorie führen Benchmarking durch, um mithilfe eines Branchenvergleichs festzustellen, inwieweit die einzelnen Cost-Breakdown-Positionen vom üblichen Wert abweichen. Unternehmen 12 sagte zudem aus, dass bei jenen Unternehmen, die sich in einer Art Start-up-Stimmung befinden, eher die Versorgungssicher-heit im Fokus steht anstelle der konkreten Preisgestaltung. Insofern wird mit Preissteigerungen bei größeren Unternehmen eher auf Barrieren getroffen als bei kleineren.

Modul- und Systemlieferanten bewerteten Vertrauen innerhalb der Kategorie unterschiedlich. Unternehmen 2 argumentierte, dass trotz faktenbasierter Wirt-schaft, in der lediglich Zahlen, Daten und Fakten eine Rolle spielen, die Faktoren Vertrauen und Zwischenmenschliches einen starken, jedoch oft unterschätzten Einfluss haben. Im Austausch mit Lieferanten, bei denen gegenseitiges Ver-trauen herrscht, dürfte die Verhandlung wesentlich ruhiger und offener ablaufen. Daraus resultiert ein geringerer Ressourceneinsatz, da weniger in die Aussagen des Gegenübers hineininterpretiert wird. Versorgungssicherheit beziehungsweise

Jahrespreisverhandlungen sind Themen, die jeweils in die finanziellen Aufwendungen des jeweils anderen spielen. Offenes Miteinander verhilft in solchen Fällen, wesentlich schneller ans Ziel zu gelangen, da die Ziele der Person gegenüber bekannt sind und eine Verhandlung schnell und klar abgeschlossen werden kann. Ob eine Einigung oder eine Nichteinigung zustande kommt, wird zeitlich früher finalisiert und wesentlicher ist die Tatsache, dass es überhaupt zu einem Ergebnis kommt. Unternehmen 8 konstatierte bei strategischen Lieferantenbeziehungen, die länger als 10 Jahre bestanden und bei denen unabdingbare wechselseitige Abhängigkeiten vorlagen, keine Möglichkeit, sich irgendwie über Verträge abzusichern. Dahingehend ist Vertrauen ein wesentlicher Faktor. Es kommt jedoch darauf an, ob der daraus erhoffte Nutzen für den entstehenden Aufwand spricht. Sofern Alleinlieferanten existieren, die über Jahre hinweg nicht ersetzbar sind, muss in dieses Thema investiert werden. Auch Unternehmen 15 identifizierte in Vertrauen die Grundlage zu mehr Wettbewerbsfähigkeit. Dieses entsteht durch die Einhaltung von Zusagen und kann nur durch gewisse Transparenz erfolgen. Wenn seiner beziehungsweise ihrer Aussage nach diese Tatsache nicht bereits klar hervorgeht, so müsse sich dahingehend hingetastet werden. Es gibt Bereiche, die vertraulich sind und keine komplette Offenlegung bieten, jedoch ist das auch nicht immer notwendig. Unternehmen 3 positionierte sich dieser Aussage gegenüber völlig anders. Diesem Experten beziehungsweise dieser Expertin zufolge gibt es Vertrauen in der Wirtschaft nicht.

„Das ist eine Illusion! Das muss akademisch von Leuten geschrieben worden sein, die noch nie mit Kunden und Lieferanten zu tun hatten!" (Unternehmen 3)

Die einzige Möglichkeit, in der Vertrauen stattfinden könnte, ist gegeben, wenn mittelständische Eigentümer auf oberster Ebene darüber sprechen. Hierfür muss jedoch ein persönliches Verhältnis bestehen.

„[…] bei börsennotierten Unternehmen ist das ein Trugschluss, ein Märchen! Bei Konzernen gibt es kein Vertrauen!" (Unternehmen 3)

Auch Unternehmen 14 erkannt in der Übermittlung von Finanzdaten und damit verbunden einer stärkeren Transparenz keine großen Vorteile, zumal aus diesen Daten oftmals nicht viel abgelesen werden könne. Unternehmen 11 sagte aus, dass den Lieferanten vertraut werden muss, zukünftig ein stabiler Partner zu sein. Da auch weitere Projektvergaben damit verbunden sind, sollte es im „ureigensinnlichen Interesse" sein, Berichte über die eigene finanzielle und operative Gesundheit zur Verfügung zu stellen. Abhängig von der Kritizität werden Monats- oder Quartalsmeetings eingeräumt, um die Gesamtsituation des Lieferanten stärker zu überwachen. Als Top-5-Kunde sollten diese Finanzdaten ohne Diskussion übermittelt werden können. Hinsichtlich der Überlegung, ob übermittelte Daten korrekt sind, das heißt keine ‚Fantasiezahlen' übermittelt wurden, sagten Unternehmen der Kategorie Modul- und Systemlieferanten aus, dass beispielsweise Cost-Breakdowns mithilfe externer Agenturen, aber auch durch eigene Cost-Ingenieurs angefertigt werden. Laut Unternehmen 2 werden die Daten dadurch plausibilisiert. Wenn folglich öffentlich zugängliche Daten nicht mit dem übermittelten Report übereinstimmen, sei das ein Vertrauensthema. Das jedoch „[…] gab es bisher nicht und würden wir als schweren Vertrauensbruch sehen", argumentierte die Vertreterin beziehungsweise der Vertreter des Unternehmens 2. Zusätzlich wurden laut Unternehmen 3 die Produktionsabrufe gecheckt. Meistens traten Unklarheiten bei der Datenübermittlung durch IT-Probleme beim OEM auf. Unternehmen 8 ergänzte die bereits erwähnten Punkte und führte aus, dass lediglich zertifizierte Unternehmen als Lieferanten gelistet werden. Nach den Ausführungen von Unternehmen 15 wird auch ein „ausgefeiltes KPI-Reporting" durchgeführt. Monatlich werden dadurch gewisse Datensätze verglichen und auf Auffälligkeiten hin überprüft.

Bei den OEM wird ebenfalls Wert auf Vertrauen gelegt. Im gegenseitigen Austausch von Daten haben laut Unternehmen 1 die Lieferanten immer die Sorge, dass diese Informationen am Ende gegen sie verwendet werden. Mit Vertrauen dieser Art muss umgegangen werden und es wird in dieser Form nicht in der großen Breite auftreten. Zahlen, Daten und Fakten aus den Vorjahren unterscheiden sich in ihrer Aussagekraft wesentlich von Echtzeitdaten. Langfristige Beziehungen zu Lieferanten schätzte auch Unternehmen 4 als relevant ein. Es hat als Unternehmen viel von Krisen gelernt. Just-in-time-Belieferungen sind nicht mehr so stark von Bedeutung. Vielmehr stehen die Versorgungssicherheit und der Aufbau von Lagerbeständen im Vordergrund. Dies kann nur durch eine gute Abstimmung mit Lieferanten erfolgen und dazu gehört Vertrauen. Unternehmen 13 verstand die Geheimhaltungsvereinbarungen als bindendes Dokument. Bei der gegenseitigen Belieferung mit Daten wird ein gewisses Vertrauen vorausgesetzt. Dieser OEM schätzte Lieferanten als seine Partner ein. Wenn es denen nicht gut geht, wird es den OEM selbst ähnlich ergehen und aus diesem Grund sei ein regelmäßiger Austausch erforderlich.

„Man kauft ja privat auch nicht die Katze im Sack." (Unternehmen 13)

Wenn demnach über vertrauliche Themen wie Zeichnungen, Mengen und Preise gesprochen wird, muss Vertrauen eine große Rolle spielen. Zur Überprüfung der übermittelten Daten auf ihre Richtigkeit werden laut Unternehmen 1 auch bei den OEM wie bei den bereits angeführten Kategorien zuvor Kostenbreakdowns verlangt. Diese bieten die notwendige Transparenz, um bezogene Teile anpassen zu können. Kostenbreakdowns werden von den OEM auch bei Neuvergaben als Druckmittel herangezogen. Unternehmen 4 und 13 vertraten im

Gegensatz zur Aussage von Unternehmen 1 die Meinung, dass die übermittelten Daten nicht überprüft werden. Krisenerfahrungen zeigten Unternehmen 4, dass langfristige Lieferantenbeziehungen erforderlich sind, um Versorgungssicherheit zu garantieren, und dass diese ein Schlüsselelement sind, sofern Krisenzeiten auftreten. Beziehungen müssen gepflegt und Lieferanten in Problemsituationen unterstützt werden. Just-in-time-Belieferungen sind nicht mehr Stand der Zeit. Unternehmen 13 sprach ergänzend davon, dass Cost-Breakdowns lediglich zur Nachverhandlung verwendet werden.

Unternehmen 5 als Händler war eher skeptisch, was mit den übermittelten Daten eigentlich passiert. Detaillierte Berichte müssen monatlich an die OEM geliefert werden, jedoch fragte sich Unternehmen 5, warum diese Berichte so detailliert sein müssen. Hierbei soll verglichen werden, wie ein Händler im Vergleich zu anderen aufgestellt ist. Übermittelte Daten werden vom OEM somit immer hinterfragt. Unternehmen 6 sprach ebenfalls davon, dass Vertrauen über Jahrzehnte aufgebaut wird. Hierzu gehört die Tatsache, dass immer alles bezahlt wurde und umgekehrt immer geliefert wurde, sofern es möglich war. Da immer dort produziert wird, wo es am günstigsten ist, kann es zu Engpässen in der Versorgung kommen. Dann sind gute Kommunikationswege erforderlich. Die OEM übermitteln Informationen zur Lieferfähigkeit wie auch zu Kundenzufriedenheitsbefragungen. Alles kann plausibilisiert werden, daher sollten die OEM im Falle des Unternehmens 6 keine Probleme haben, die von ihnen übermittelten Daten zu hinterfragen. Beide befragten Händler argumentierten, dass detaillierte Analysereports an die OEM zu übermitteln sind und diese anschließend verglichen werden. Diese sind teils qualitativer, aber auch quantitativer Natur und behandeln beispielsweise die Servicebewertung, die Kundenzufriedenheit, aber auch Finanzberichte.

Zusammengefasst lässt sich feststellen, dass unter Vertrauen entlang der Lieferkette oftmals Unterschiedliches verstanden wird. Den Aussagen zufolge handelt es sich nicht um jene Definition von Vertrauen, die gegenseitige Überprüfungen obsolet macht, sondern vielmehr um eine transaktionale Art und Weise. Vertrauen entlang der Lieferkette meint vielmehr das fristgerechte Bezahlen, das pünktliche Beliefern und somit das Einhalten von Verträgen und Vereinbarungen. Übermittelt werden zumeist Zeichnungen, Preisinformationen, Mengeninformationen, Kostenbreakdowns sowie Bilanzen und Gewinn-und-Verlust-Rechnungen, sofern es sich um langfristige Beziehungen handelt und das Unternehmen zumindest Top-5-Kunde ist. Ergänzend werden Hinweise über Zertifizierungen, Management-Reviews, regelmäßige Reportings beziehungsweise Audits, Finanzberichte, Lagerbestände und Aussagen zur Lieferfähigkeit übermittelt.

Zwischenmenschliches und die Art, wie das Managementteam aufgestellt wird, gehen als nicht unwesentliche Faktoren eher unter.

Verständnis von Open Book und Finanzdatentransparenz
Den Begriff von Open Book Policy definieren Rohstoff- und Teilelieferanten als das Offenlegen ihrer Prozessschritte sowie die Darlegung eines konkreten Kostenbreakdowns. Dadurch sollen Einblicke in die Kostenstruktur des Lieferanten gegeben und eine Basis für die Preisgestaltung in einer Lieferantenbeziehung geschaffen werden. Im Extremfall werden Lieferanten, speziell Lohnfertiger, regelmäßig durch Audits geprüft. Das soll laut Unternehmen 9 in bekannten Strukturen Sinn machen. Im Falle, dass Unternehmen Spezialprodukte anbieten, wird der Preis vielmehr über den Wert in der Anwendung bestimmt als üblicherweise mithilfe der Herstellungskosten. Der Kunde erhält insofern keine Information über die Kostenstruktur. Laut Unternehmen 10 werden diese Informationen auch nicht eingefordert. Bei einzelnen Großkundenanfragen wird versucht, einen Report abzugeben. Dieser wird in der Regel jedoch möglichst hoch aggregiert und so unspezifisch wie möglich dargestellt.

„In der Automobilbranche muss man sich in die vorgegebenen Formate etwas einfügen." (Unternehmen 10)

Gewinnangaben werden zur Gänze vermieden. Auch Unternehmen 12 identifizierten in der Open Book Policy einen „Feind". Es würde bedeuten, transparent mit der eigenen Kostensituation umzugehen, und das richte sich gegen die eigene Unternehmensphilosophie. Indizes und Rohstoffschwankungen lassen sich argumentieren, jedoch restriktiv und nur in grober Form. In den Cost-Breakdowns sollten Stundensätze für Personal und Maschinen wie auch Gemeinkostensätze angeführt werden.

Hinsichtlich der Begrifflichkeit ‚Finanzdatentransparenz' stellte sich Unternehmen 9 die Frage, welche Finanzdaten überhaupt relevant sind. Kunden lesen Geschäftsberichte, die öffentlich zugänglich sind oder speziell für einzelne Unternehmen angefertigt werden.

„Wir sind sehr zurückhaltend, wenn es um das Herausgeben von Finanzdaten geht." (Unternehmen 10)

Generell müssen alle Daten, die nach außen gegeben werden, zuvor veröffentlicht worden sein. Einkäufer und Analysten der Kunden oder Lieferanten werden auch nicht auf das Betriebsgelände der Rohstoff- und Teilelieferanten gelassen, um Prozesse zu optimieren. Diese Themen werden maximal von ihnen angestoßen, jedoch am Ende immer von den eigenen Mitarbeiter*innen oder mithilfe von Beraterunternehmen behandelt.

„Wenn man Kunden haben will, muss man zeigen, was man kann. Auditieren werden die immer. Solche Einblicke geben wir. Unterm Strich ist das aber kein technologisches, sondern ein Qualitätsmanagementthema." (Unternehmen 12)

Modul- und Systemlieferanten fordern Open Book ein. In diesem Fall läuft die gesamte Angebotslegung über sogenannte Angebotsformulare, die vom Lieferanten auszufüllen sind. Ein hauseigenes Cost-Engenieuring fertigt eine Bewertung dessen an und anschließend wird durch ein Gremium gemeinsam mit Kosteningenieuren und dem Bereich für Lieferantenqualität entschieden, wer den Auftrag erhält. Aufgrund der ständig auftretenden Differenzierungsmerkmale zwischen Unternehmen ist es schwierig, Prozesse immer vollständig transparent zu gestalten. Unternehmen 16 unter Open Book ebenfalls entsprechende Detailberichte, die die Preisoffenlegung betreffen. In diesen Berichten werden die Kosten auf die einzelnen Bauteilpreise heruntergebrochen. Je Branche werden hierfür unterschiedliche Standards und Zulassungen eingefordert und auch die Thematik, dass es nicht für jedes Teil unbegrenzt viele Anbieter gibt, lässt die Preise unterschiedlich ausfallen. Laut Unternehmen 15 lassen sich durch Open Book Feststellungen treffen, inwieweit die steigende Komplexität die Kosten erhöht.

Finanzdatentransparenz wird von den Modul- und Systemlieferanten so verstanden, dass Lieferanten finanziell durchleuchtet werden. Im Rahmen des Risikomanagements werden Bilanzen sowie Gewinn-und-Verlust-Rechnungen eingefordert. Hieraus werden Margen zur Stabilisierung kalkuliert, um mögliche Cashflow-Probleme zu kompensieren. In jenem Fall, dass Lieferanten langfristig nicht überlebensfähig sind, müssen diese schlimmstenfalls mit der Zeit substituiert werden. Für die Einholung von Finanzdaten werden unter anderem externe Agenturen beauftragt, die wiederum genaue Aufstellungen liefern können, wie es um die Lieferanten steht. Laut Unternehmen 3 können bei solchen Agenturen einzelne Gesellschaften mit unterschiedlichen Schreibweisen angeführt werden. Dadurch bietet sich ein nachstehendes Problem bei der Datenzusammenführung. Wenn Unternehmen tatsächlich Probleme haben, dürften diese Agenturen jedoch nicht schnell genug sein.

Bilanzen sind laut Unternehmen 8 nicht aussagekräftig. Daher werden eigene Sollkostenanalysen durchgeführt. Auch Unternehmen 14 unterstützte diese Sichtweise und führte aus, dass zudem die Gewinn-und-Verlust-Rechnungen keine große Rolle spielen. Der Fokus liegt vielmehr auf der eigenen Wertschöpfung und der Optimierung der eigenen Prozesse. Unternehmen 11 schätzte Cashflow-Auskünfte als sinnvoll ein, jedoch werden solche Informationen oftmals nicht herausgegeben, sofern es sich nicht um Top-3-Lieferanten handelt. Unternehmen 16 sagte aus, dass es ihnen hauptsächlich um die finanzielle Gesundheit ihrer

Lieferanten geht, wenn solche Finanzdaten eingefordert werden. Diesem Unternehmen zufolge werden Lieferanten der OEM wie „Wurmfortsätze behandelt, die bis auf den letzten Cent ausgelutscht werden und trotzdem irgendwie überleben". In solch einem Fall ist für den OEM Finanzdatentransparenz von Vorteil, jedoch nicht für den Lieferanten, der davon abhängig ist.

Den Modul- und Systemlieferanten zufolge kommt es einer Idealvorstellung nahe, wenn Einkäufer wie Wertstromanalysten agieren, die eigenen Lieferanten optimieren und so Preise gemeinsam entwickeln, anstatt sie zu verhandeln. Vor allem soll eine gemeinsame Preisgestaltung durch diesen Ansatz laut Unternehmen 3 im taktischen Einkauf oder bei Projekteinkäufen angewendet werden. Unternehmen 8 würde auf diese Maßnahme zurückgreifen, wenn Lieferanten schwer ersetzbar sind. Vor allem bei strategischen Komponenten ist diese Vorgehensweise essenziell. Lediglich Unternehmen 15 war anderer Meinung und argumentierte, dass der einzige, der einen Lieferanten optimiert, der Lieferant selbst ist. Dennoch wurde angeführt, dass diese Optimierungen gemeinsam mit dem Kunden optimal ablaufen würden. Im Falle, dass Lieferanten keine Einblicke oder Optimierungen gewähren, wurde seitens der Modul- und Systemlieferanten von einem „zweischneidigen Schwert" gesprochen, da es darauf ankommt, wie stark die Abhängigkeit vom Unternehmen ist. Als Lieferant dürfte sich laut Unternehmen 3 gar nicht erst von einzelnen Kunden abhängig gemacht werden.

„Wenn der OEM Husten hat, haben wir Lungenentzündung!" (Unternehmen 3)

Damit ist gemeint, dass eine zu starke Abhängigkeit von einem Kunden in der volatilen Automotive-Branche im schlimmsten Fall zur Insolvenz des Lieferanten führen kann. Große Lieferanten oder OEM können das volatile Geschäft gut verkraften. Wenn laut Unternehmen 8 Verschiebungen von 20 % des Volumens stattfinden, kann das kleinere Lieferanten die Existenz kosten. Folglich tragen sie die Verantwortung für ihre Lieferanten, da ein Ausfall die gesamte Lieferkette negativ beeinflussen könnte. Aus diesem Grund werden jene Unternehmen, die den Modul- und Systemlieferanten keine Finanzdaten oder offenen Bücher zur Verfügung stellen, aussortiert, da dieses Verhalten die Supply-Chain des betreffenden Unternehmens schwächt.

Aus Sicht des OEM bedeutet Open Book Policy, dass Lieferanten zahlreiche Daten teilen. Diese betreffen beispielsweise Produktionskapazitäten und Finanzzahlen. Unternehmen 4 erkannte darin jedoch eine Schwierigkeit, da je nach Land, aus dem Lieferanten bezogen werden, unterschiedliche Standards für die Reports gelten. Folglich stellt sich durch diese fehlenden Standards die Frage, wie weit sich diese Daten verwenden lassen. Vergangenheitsberichte und

Bilanzen sind laut Unternehmen 4 weniger aufschlussreich, da nicht hervorgeht, was im aktuellen Jahr geschieht. Relevanter wäre die Cashflowauskunft über die kommenden 12 Monate. Unternehmen 13 verstand unter Open Book „höchste Transparenz und offene Kommunikation". Ihm zufolge geht es weniger um Preise oder Kosten, da sich das oft nicht mit den Compliancerichtlinien vereinbaren lässt. Der Fokus sollte bei der offenen Kommunikation liegen und die Frage behandeln, wo der Lieferant hin will. Die hauseigenen Planer führen Cost-Breakdowns an, die unter eigenen Prämissen kalkuliert werden. Sofern unterschiedliche Faktoren differenziert gewichtet wurden, wird offen darüber diskutiert.

Bezüglich der Frage nach Finanzdatentransparenz wurde argumentiert, dass es sich hierbei um die Offenlegung der aktuellen finanziellen Situation der Lieferanten handle. Unternehmen 1 sprach in diesem Zusammenhang von Vorjahresbilanzen sowie Gewinn-und-Verlust-Rechnungen, um abbilden zu können, wie es um die Lieferantenstabilität steht. Unternehmen 4 verweis auf die Offenlegung der kalkulierten Gewinnmarge. Dadurch wollen die OEM ihre Lieferanten vor Problemen schützen und sie gegebenenfalls durch Maßnahmen unterstützen. Laut Unternehmen 13 kommen die Lieferanten meist von selbst und schildern ihre Lage.

Unternehmen 4 nutzte Materialflussanalysen, um seine Materialströme zu visualisieren und herauszufinden, wo Engpässe auftreten können. Unternehmen 1 sah bei dezentralisierten Bereichen eher eine Relevanz, wenn es darum geht, Lieferanten mit eigenem Personal zu optimieren. Unternehmen 13 argumentierte, dass ein guter Einkäufer ‚die richtigen Lieferanten an Land' zieht. Davon, gemeinsame Preise zu entwickeln, war jedoch nicht die Rede. Wenn sich Lieferanten Einblicke wünschen, hängt es für die OEM laut Unternehmen 1 vom jeweiligen Bauteil ab, ob diese gewährt werden. Im Falle einer Substituierbarkeit würde der OEM ankündigen, bei Alternativlieferanten anzufragen. Unternehmen 13 unterstützte diese Aussage und führte aus, dass es keine „Tugend" sei, „den letzten Cent aus der Tasche zu ziehen".

„Finanzdatentransparenz ist somit ein Schutz der Lieferanten und damit verbunden auch ein Schutz für uns" (Unternehmen 13).

Unternehmen 4 sprach davon, dass oftmals aus Konsignationslägern an sie geliefert wird. Dadurch haben sie bessere Einblicke und im Falle des Nichtlieferns oder Nichtkooperierens wird die Situation nach oben eskaliert. Bei anschließend auftretenden Problemen kommt es oftmals zu Werksbesuchen.

Die Händler erkennen in Open Book Policy weniger Nutzen. Aus ihrer Sicht werden sie hauptsächlich durch die Vorgaben der OEM gesteuert. Diese Vorgaben

umfassen laut Unternehmen 5 unter anderem auch, wie viel diese an Subhändlern verdienen dürfen. Monatliche beziehungsweise quartalsweise Berichte
umfassen laut Unternehmen 6 Themen wie Einkauf, Verkauf, Vermittlungserlöse,
Provisionen für Versicherungen und Leasing.

Hinsichtlich der Finanzdatentransparenz erhalten die Händler keine Einblicke,
bis auf jene Berichte, die sie selbst an die OEM senden müssen, um weiterhin beliefert zu werden. Sie erhalten jedoch Informationen zu Lagerbeständen,
erklärte Unternehmen 5. Bei Gebrauchtwagenhändlern kalkulieren die Händler Kosten und Nutzen, jedoch werden keine Kostenbreakdowns eingeholt. Bei
Gebrauchtteilen argumentierte Unternehmen 6, dass Preise nachvollzogen werden können und selbst entschieden werden müsse, „ob man da mitspielt, oder
auf günstigere Teile zurückgreift". Dies wirkt sich jedoch auf die Qualität aus
und macht beim Kunden jedenfalls einen Unterschied, wenn Bremsen plötzlich
halbjährlich getauscht werden müssen.

„Die Abhängigkeit von einem birgt das Risiko, dass bei Problemen keine
Lieferungen mehr möglich sind. Wirtschaftspolitische Themen beeinflussen Glo-
bal Sourcing und das betrifft auch die Reihenfolge, wer Teile zuerst erhält."
(Unternehmen 6)

Folglich müssen sich Händler „in die Karten schauen lassen" und können aus
ihrer Position heraus nichts beeinflussen. Zur Absicherung des Geschäfts werden
mehrere Fahrzeugmarken angeboten, sodass keine Abhängigkeit von nur einem
OEM vorliegt.

**Chancen und Risiken zur Förderung von Open Book und Finanzdatentrans-
parenz**

Rohstoff- und Teilelieferanten argumentierten, dass der Wille zum Einsatz bezie-
hungsweise zur Durchsetzung einer Implementierung von Open Book oder
Finanzdatentransparenz nach der Aussage von Unternehmen 9 immer mit der
Marktstellung zusammenhängt. Sofern sich ein Unternehmen in einer guten
Position befindet, existiert weniger Interesse, die eigenen Daten zu teilen. Die
Zielsetzung, kostengünstig einzukaufen, fällt mit entsprechender Transparenz
leichter. Wenn alles offengelegt ist, lässt sich eine Kostenerhöhung aufgrund eines
beispielsweise zusätzlichen Arbeitsschrittes laut Unternehmen 7 leichter durchsetzen. Die OEM seien laut Unternehmen 7 besonders gesprächsbereit, wenn es um
Einsparungspotenziale geht. Sobald es sich um Preissteigerungen handelt, lehnen
OEM ein Gespräch eher ab. Als wesentliche Vorteile werden gewisse Absiche-
rungen durch Transparenz genannt. Im Rahmen des Risikomanagements können
durch diese Offenlegungswerkzeuge präventive Schutzmechanismen eingeführt
werden. Laut Unternehmen 7 besteht in Bereichen, in denen hohe Erträge erzielt

werden, ein größeres Potenzial, Gewinne zu erzielen, wenn keine Offenlegung durchgesetzt wird. Unternehmen 9, 10 und 12 erkannten für sich und somit für Rohstoff- und Teilelieferanten weniger Motivationsfaktoren.

Modul- und Systemlieferanten bezeichneten Open Book und Finanzdatentransparenz ebenfalls als präventive Schutzeinrichtungen, um beispielsweise nicht von Lieferanteninsolvenzen überrascht zu werden oder laut den Aussagen von Unternehmen 2 bevorstehende Entwicklungen hinsichtlich Preis- und Lieferantenstrategie besser einschätzen zu können. Unternehmen 3 sagte aus, dass seitens der OEM Machteinkauf betrieben wird und sogenannte Partnerschaften lediglich Marketingaussagen seien. Zwar sei es durch Open Book einfacher, Savings zu identifizieren, diese durchzusetzen bedarf jedoch einer entsprechenden Machtposition entlang der Lieferkette. Unternehmen 2 sprach von zahlreichen Förderungen aufgrund der Coronapandemie, wodurch die Insolvenzrate niedrig wie nie ist. Sobald diese Förderungen wieder ausgesetzt werden, können Probleme bei Lieferanten auftreten. Darüber sollten die Kunden informiert sein, um darauf reagieren zu können.

Laut Unternehmen 8 liegen Best-Cost-Entscheidungen nicht immer dort, wo am günstigsten eingekauft wird, da sich Kosten über die Zeit entwickeln können. In dem Zusammenhang kann Finanzdatentransparenz beispielsweise Abhilfe verschaffen. Auch Unternehmen 15 stimmte dem zu und ergänzte, dass überdacht werden muss, ob regelmäßige Verhandlungen geführt werden sollen oder ein Mechanismus geschaffen wird, um die tatsächlichen Preisschwankungen, beispielsweise von Rohmaterial, automatisiert anzupassen. Dadurch würden sich Einsparungen bei Arbeit und Zeit realisieren lassen sowie Stabilität und Klarheit in einer Geschäftsbeziehung würden sich bilden.

„Meist hinkt man viel zu weit hinterher, mit dem, was man sieht." (Unternehmen 8)

Unternehmen 8 sprach im Rahmen des Risikomanagements davon, dass Gewinn-und-Verlust-Rechnungen berücksichtigt werden müssen, sofern das Vertrauensverhältnis erreicht wurde, diese zu bekommen. Zudem wurde ausgesagt, dass Vorjahresbilanzen im Falle eines Fünfjahresplans keine sonderlich hohe Aussagekraft besitzen. Die übermittelten Informationen sind meist zu alt, um daraus das gesamte Potenzial abschöpfen zu können. Unternehmen 11 war in der Vergangenheit immer wieder von Lieferanteninsolvenzen betroffen. Entsprechende Daten müssen proaktiv eingefordert werden, um finanzkritische Situationen abwenden zu können. Insolvenzen sind laut Unternehmen 11 nicht nur fürs direkt betroffene Unternehmen eine Katastrophe, sondern schaden zudem allen Kunden. Es entstehen immense Kosten sowie Gefahren für die interne Fertigung und die Lieferkette. Unternehmen 14 arbeitete auf Kundenseite lediglich mit namhaften Herstellern zusammen und erkannte für sich keine Risiken. Die Gefahr von Insolvenzen war auch historisch betrachtet kein Thema für dieses Unternehmen. Transparenz dieser Art wird folglich eher restriktiv bewertet und mache laut Unternehmen 14 lediglich im Zusammenhang mit Nachhaltigkeitsreporting Sinn. In Richtung der Lieferanten agierte Unternehmen 14 mit bestimmten Kennzahlen als Überwachungstool, um die Lieferkette, die Versorgungssicherheit sowie die Lieferantenstabilität zu screenen. Unternehmen 15 ergänzte, dass diese Open Book beziehungsweise Finanzdatentransparenz ein Thema ist, das auf Gegenseitigkeit beruhen müsse. Nicht jede Geschäftsbeziehung stellt eine solche Form des möglichen Austauschs dar.

Aus Sicht der OEM sind Open Book Policy und Finanzdatentransparenz Schutzeinrichtungen, die im Rahmen des Risikomanagements die Lieferanten vor Insolvenzen bewahren sollen. Als wesentlicher Kernfaktor wird die Information, wie gut der Lieferant finanziell aufgestellt ist, genannt. Sobald sich Lieferanten in einem kritischen Zustand befinden, soll eine präventive Steuerung diese Situation aufzeigen und in Form von Maßnahmen dagegenwirken.

„Es bringt nichts, wenn Kampfpreise angeboten werden um den Auftrag zu erhalten und anschließend zwei Jahre erforderlich sind, um den Lieferanten zu verlagern. Da zahlen dann wir die Zeche!" (Unternehmen 13)

Laut Unternehmen 13 haben Bilanzen sowie Gewinn-und-Verlust-Rechnungen weniger Aussagekraft. Den Unternehmen werde ohnehin ein positiver Cashflow unterstellt. Ein wesentlich besserer Indikator sei der Cost-Breakdown beim zu verhandelnden Auftrag, da hieraus Erträge aus dem direkten Geschäft dieser beiden Unternehmen beeinflusst werden können. Schwache Lieferanten sollten aussortiert werden. Wenn ein Lieferant teuer ist, sollte sich eine Geschäftsbeziehung dennoch lohnen. Aktuell wird auf Technologien eingegangen, in denen in der Branche keine jahrelange Erfahrung besteht. Durch Transparenz sollte es gelingen, sich gegenüber dem Wettbewerb durchzusetzen.

Die Händler müssen die Bedingungen der OEM akzeptieren.

„Wenn wir nicht mitspielen, werden wir nicht beliefert." (Unternehmen 5)

Laut Unternehmen 6 werden die Gewinnspannen beobachtet. Sofern diese nicht passen, werden durch die Hersteller Maßnahmen zur Veränderung angestoßen. Seitens der OEM werden den Händlern einstellige Margen zugestanden. Rechtzeitige Aufmerksamkeit für entsprechende Entwicklungen zu haben, kann Vorteile bieten, jedoch ist Finanzdatentransparenz beziehungsweise Open Book aus Sicht der Händler irrelevant, da nichts beeinflusst werden kann.

„Man geht vor allem in der speziellen Automotivebranche ungern Experimente ein, daher reagiert man eher konservativ." (Unternehmen 6)

Es kann zusammengefasst werden, dass entlang der Lieferkette keine Einigkeit besteht, wie zur Open Book Policy und Finanzdatentransparenz gestanden wird. Unternehmen erhalten gerne Informationen über ihre Lieferanten, um sich entsprechend abzusichern oder um Preissteigerungen einfacher argumentieren zu können, selbst wenn dafür eine entsprechende Machtposition vorausgesetzt wird. Selbst werden jedoch ungern Informationen ausgegeben. Vielmehr Gegenwehr ist jedoch bei Rohstoff- und Teilelieferanten sowie bei den Händlern anzutreffen. Zwar wird auch in dieser Kategorie anerkannt, dass diese Werkzeuge präventive Schutzvorkehrungen im Rahmen des Risikomanagements sein können, jedoch würden die eigenen Erträge schwerer durchgesetzt werden können, wenn alles transparent ist.

Open Book sowie Finanzdatentransparenz bringen neben Vorteilen und Potenzialen zahlreiche Risiken mit sich. Für Rohstoff- und Teilelieferanten ist weder Open Book noch Finanzdatentransparenz von großer Bedeutung, da sie laut Unternehmen 10 hauptsächlich über Marktpreise, das heißt über den Wert, der beim Kunden entsteht, und nicht über Herstellungskosten verhandeln. Laut Unternehmen 9 kann Kostentransparenz für kommoditisierte Produkte Sinn machen. Durch lebenszeitfixierte Preise besteht eine Abhängigkeit von der geopolitischen Lage, die laut Unternehmen 7 nicht eingepreist werden kann. Sofern Annahmen getroffen werden und ein Unternehmen dadurch gegenüber dem Wettbewerb teurer ist, kann es nicht mithalten, da zu 90 % der billigste Anbieter den Auftrag erhält.

„Unvorhersehbare Ereignisse können dann sehr weh tun. Am Ende wird es oft auch an die Konsument weitergereicht." (Unternehmen 7)

Unternehmen 12 kritisierte, dass auf Basis der Zahlen nicht ausgesagt werden kann, wie es in Zukunft oder aktuell weitergeht. Transportkostenanstiege und Energiekostenexplosionen gestalten eine Beurteilung schwierig. Aus Sicht der Compliancerichtlinien dürfen außerdem lediglich Informationen preisgegeben werden, die ohnehin bereits veröffentlicht wurden. In Bezug auf die Frage, wer in die Finanzdaten der Geschäftspartner Einsicht nehmen kann, besteht ebenfalls das Risiko, dass keine Kontrolle darüber besteht, welche Wege diese Daten einschlagen.

„Wenn beispielsweise der Controller Zugriff hat und dem Nachbarn davon erzählt, bevor dieser Aktien kauft. Da kann es auch zu Hausdurchsuchungen kommen. Als Einzelunternehmer kann man sich vielleicht auf Vertrauen berufen, aber ehrlich gesagt spricht sich immer alles herum." (Unternehmen 12)

Modul- und Systemlieferanten bewerteten ebenfalls das Thema Compliance als Risiko. Unternehmensinterne Informationen dürfen bei börsennotierten Unternehmen nicht herausgegeben werden, bevor sie nicht ohnehin bereits veröffentlicht wurden. Folglich kann Compliance einen erfolgskritischen Faktor für die Einführung von Open Book oder Finanzdatentransparenz darstellen. Zudem wurde angeführt, dass die Berichterstattung einem gewissen Standard entsprechen muss, denn wenn hochaggregierte Zahlen kommuniziert werden, könnten diese Informationen für den Geschäftspartner nutzlos sein.

„Fakezahlen werden nicht rausgegeben, aber sie sind oft so unbrauchbar, dass man nichts rauslesen kann." (Unternehmen 3)

Unternehmen 11 sah ergänzend dazu eine Realität, die hauptsächlich auf Zahlen, Daten und Fakten basiert. Das Persönliche und die Einschätzung des Managementteams blieben in dieser Berichterstattung im Verborgenen. Zudem bilanzieren nicht alle Unternehmen nach IFRS. Unternehmen aus bestimmten Ländern nutzen deren Gesetze, indem sie zum Teil mehrjährig negativ bilanzieren, obwohl es ihnen ohnehin gut geht. Aus diesem Grund sind Besuche vor Ort nicht wegzudenken. Die Frage, welche Personen die Daten beim Unternehmen einsehen können, spielt auch für Modul- und Systemlieferanten eine besonders relevante Rolle.

„Es ist egal, wie viele Geheimhaltungsvereinbarungen es gibt. Organisationen verändern sich und sensible Daten können dann schnell auf dem Wettbewerbertisch landen." (Unternehmen 8)

Unternehmen 2 bestätigte diese Aussage und ergänzte, dass die Weitergabe von sensiblen Daten „Industriespionagecharakter" hätte und zu Wettbewerbsverzerrungen führen kann. Aus diesem Grund müssen deren Lieferanten aus eigener Kraft wachsen, sodass Chancengleichheit herrscht. Vor allem chinesische Unternehmen können teilweise verstaatlicht sein und im Grunde völlig abweichende Geschäftsfelder bedienen. In diesem Fall ist oft nicht nachvollziehbar, welchen Anteil die unternehmenseigenen Kosten an diesem Konzern haben. Aus diesem Grund sind Bilanzen und Gewinn-und-Verlust-Rechnungen von asiatischen Herstellern oft nicht zielführend. Europäische und amerikanische Hersteller seien dahingehend eher vergleichbar.

Die OEM verstanden laut Unternehmen 1 ebenfalls die Thematik der Geheimhaltung und des Datenschutzes als wesentliches Risiko. Wenn zum Beispiel sensible Daten beim Geschäftspartner von jeder Mitarbeiterin und jedem Mitarbeiter eingesehen werden können, stellt sich die Frage, wie damit umgegangen wird. Unternehmen 4 thematisierte die Fragestellung, ob Informationen überhaupt geteilt werden wollen. Diese Form der Berichterstattung sei zudem auch für OEM ein Risiko, da Länderunterschiede und deren unterschiedlichen Standards zu Problemen führen können. Die Thematik des Datenschutzes stellte Unternehmen 4 jedoch nicht fest. Es sei ohnehin genau definiert, wer Daten einsehen kann, und durch vertragliche Absicherung wird die rechtliche Lage abgesichert. Auch Unternehmen 13 erkannte im Datenschutz kein Risiko.

Händler sprachen von der Ausdünnung des Händlernetzes. Seitens der OEM wird auf sie Druck aufgebaut, sodass einige Geschäfte von selbst aufgelöst werden müssen. Dadurch entsteht ein Risiko durch Open Book für diese Kategorie.

Es kann resümiert werden, dass die Compliancerichtlinien der einzelnen Unternehmen einen wesentlichen kritischen Erfolgsfaktor für die Implementierung von Open Book und Finanzdatentransparenz darstellen. Die Weitergabe von sensiblen Daten an Dritte und das Abfließen von Informationen vor Veröffentlichung stellen wesentliche Risiken dar.

Voraussetzungen zur Implementierung von Open Book oder Finanzdatentransparenz

Hinsichtlich der Voraussetzungen für die Einführung von Open Book Policy beziehungsweise Finanzdatentransparenz entlang der Lieferkette benannten Rohstoff- und Teilelieferanten nicht lediglich finanzdatenbezogene Vorgaben. Diese seien nach Unternehmen 7 ein Gesamtpaket aus systemseitigen Voraussetzungen, Qualitätsthemen und Zertifizierungen. In Bezug auf diese Anforderungen soll es Jahre dauern, bis all diese Punkte erfüllt werden. Insofern ist es ein langwieriger Prozess, in der Automotive-Branche Lieferant zu werden. Hinzu kommen IT-Anforderungen und die damit verbundene Fähigkeit, Qualität prüfen beziehungsweise überwachen zu können. Ein zusätzlicher Punkt ist die Belastbarkeit des Lieferanten, der nicht bei branchenüblichen Schwankungen „in die Knie" gehen darf. Die Unternehmen 9 und 10 waren sich einig, dass Transparenz lediglich durch Vereinbarungen zustande kommen kann. Zudem müssen die IT-Infrastruktur und die Datenschnittstellen so gestaltet werden, dass sie vor Cyberangriffen sicher sind.

„Voraussetzungen betreffen meiner Ansicht nach viel weniger das ,Nicht-Können' und rückt viel mehr das ,Nicht-Wollen' in den Fokus." (Unternehmen 12)

Unternehmen 12 führte an, dass der Aufwand für Unternehmen nicht so groß sei, und ergänzte, dass nicht nur einzelne Kennzahlen, sondern auch Aggregationen erforderlich sind, um die Detail- und Gesamtsituation erfassen zu können. Folglich ist abzuklären, wie sehr in die Tiefe geblickt werden will.

Modul- und Systemlieferanten waren sich hinsichtlich der Voraussetzungen im Vergleich zu Rohstoff- und Teilelieferanten uneinig. Unternehmen 2 stellte beispielsweise keine Voraussetzungen. Vielmehr ging es diesem Unternehmen darum, zu jeder Zeit von allen Lieferanten alle Daten idealerweise in Echtzeit zu erfassen. Unternehmen 8 schätzte Geheimhaltungsvereinbarungen als Anforderung ein und bewertete es kritisch, wenn das Personal in Organisationen wechselt. Bei Unternehmensverkäufen können Verträge weiterhin bestehen, wenn aber Schlüsselpersonal aus der Organisation ausscheidet, geht dies mit einem Kontrollverlust in dieser Sache einher. Unternehmen 11 sah in dieser Hinsicht die Machtposition als relevant an. Zudem sei zu betrachten, wie das Management aufgestellt und geführt ist. Familiengeführte Unternehmen seien eher verschlossen und werden im Falle einer Öffnung lediglich zwischen Eigentümer und Finanzdirektor besprochen. Vor allem im mittelständischen Bereich sei die IT-Infrastruktur ein wesentliches Thema, da dort meist ein besonders niedriger IT-Reifegrad vorliegt.

Aus OEM-Sicht zeigte Unternehmen 13 auf, dass zunächst technologische Voraussetzungen erfüllt werden müssen. Diese betreffen zumeist die Abbildbarkeit von Finanzdaten beziehungsweise Kostenbreakdowns und die Frage, ob die Kalkulationen nach denselben Standards durchgeführt werden, nach denen die OEM selbst arbeiten. Ergänzend müssen Zertifizierungen stattgefunden haben, um überhaupt Lieferant werden zu können, und aus vertraglicher Sicht sind es Geheimhaltungsvereinbarungen. Auf persönlicher Ebene ist zwischenmenschliches Vertrauen eine Anforderung.

„Beim Lieferant sollte man auch so fair sein, dass nur Bereiche Zugriff haben, die Zugriff haben sollten, nicht nur nice to have wie beispielsweise Entwickler." (Unternehmen 13)

Diese Aussage bedeutet, es sollten Bereiche, die mit der Preisverhandlung direkt nichts zu tun haben, keinen Einblick in diese Daten haben. In dieser Sache wird den Lieferanten seitens der OEM unterstellt, dass nach entsprechenden Compliancerichtlinien gehandelt wird. Unternehmen 4 führte aus, dass es keine Anforderungen in Bezug auf die Implementierung von Open Book oder Finanzdatentransparenz stellt.

Aus Sicht der Händler konnten zu dieser Frage keine Anforderungen gestellt werden. Sie geben selbst nur jene Daten weiter, die sie weitergeben müssen, und sehen keine explizite Absicherung durch einen speziellen Vertrag. In den Verträgen zwischen OEM und Händlern ist nur ein Passus angeführt, dass Informationen lediglich von jenen eingesehen werden dürfen, die dies müssen. Seitens der Händler kann hierzu aber nichts kontrolliert werden.

Zusammengefasst kann gesagt werden, dass vertragliche, technologische, qualitätsrelevante und zwischenmenschliche Anforderungen für eine erfolgreiche Implementierung von Open Book beziehungsweise Finanzdatentransparenz erfüllt sein müssen. Diese beziehen sich auf den IT-Reifegrad der Geschäftspartner, auf das Vorhandensein von Zertifizierungen, auf die Darstellbarkeit der erforderlichen Daten, Geheimhaltungsvereinbarungen und das Handeln nach den entsprechenden Compliancerichtlinien sowie auf das Vertrauen in das Managementteam des jeweils anderen Unternehmens.

Macht in der Automotive Supply-Chain

Im Rahmen der Interviews wurden die Expert*innen dazu befragt, wer in der Automotive-Branche an der Marktmacht ist und inwiefern Open Book Policy beziehungsweise Finanzdatentransparenz dahingehend Abhilfe verschaffen kann.

Rohstoff- und Teilelieferanten sagten aus, dass aus ihrer Sicht die Machtposition eindeutig bei den OEM liegt. Zwar haben sich in jüngster Vergangenheit Versorgungsengpässe aufgetan, wodurch Lieferanten ebenfalls an eine Machtposition gekommen sind, jedoch geht laut Unternehmen 12 der Druck auf First und Second Tier-Lieferanten vom OEM aus. Daraus resultieren Probleme wie Machtausnutzung und Abhängigkeit.

„Gewinne kommen ja auch irgendwo her und das ist meiner Meinung nach beim Lieferanten, der an seine Grenzen getrieben wird." (Unternehmen 12)

Open Book oder Finanzdatentransparenz sind laut den Unternehmen dieser Kategorie keine Lösung für diese Problematik. Vielmehr würden Compliance- und Governancethemen wirken.

Modul- und Systemlieferanten waren hinsichtlich der Marktmacht ebenfalls uneinig. Laut Unternehmen 3 hat sich die Machtposition vom OEM weg und hin zum Lieferant verschoben. Der beziehungsweise die Expertin dieses Unternehmens führte an, dass OEM viele Bereiche ausgelagert und mitunter Know-how verloren haben. Dadurch dürften zwar kurzfristig Erträge erzielt worden sein, langfristig haben sie jedoch Macht abgegeben und sind vereinzelt von Lieferanten abhängig. Unternehmen 8 verortete aufgrund der Lieferengpässe und der sich anhäufenden Krisen ebenfalls den Lieferant in der Marktmacht. Die sich rasch verändernden Umwelten sollen die Marktmacht an den Anfang der Supply-Chain gesetzt haben. Laut Unternehmen 2 ist immer noch die Marktmacht beim OEM, da dieser in größeren Einkaufsvolumen einkauft. Unternehmen 14 sah die Marktmacht ebenfalls beim OEM, da dieser die relevanten Aufträge vergibt. Zwar ging diese Expertin beziehungsweise dieser Experte darauf ein, dass sich teilweise Macht an Lieferanten verschiebt, jedoch begründete er beziehungsweise sie

diese Verschiebung mit den zahlreichen Krisen. Eine Lösung, dieser Machtausnutzung durch Transparenz entgegenzuwirken, erkannte lediglich Unternehmen
2. Die restlichen Expert*innen argumentierten, dass Macht trotz „offener Karten" durchgesetzt werden kann. Sofern laut Unternehmen 8 keine alternativen
Lieferanten oder Kunden am Markt sind, bringt Finanzdatentransparenz beziehungsweise Open Book lediglich intern eine Möglichkeit, auf bevorstehende
Entwicklungen zu reagieren.

Aus Sicht der OEM soll wiederum der Kunde in der Marktmacht stehen. Der
Finanzdatenaustausch wird laut Unternehmen 1 primär von den OEM gefordert
und dürfte seine Beliebtheit aufgrund der Finanzkrise 2009 gewonnen haben.
Hauptsächlich wurde diese Maßnahme zum Schutz vor Produktionsausfällen
eingeführt und soll offenkundig generell bei disruptiven Ereignissen als Präventiv-
instrument des Risikomanagements dienen. Die OEM wiederum müssen sich dem
Kunden und seinen Anforderungen an den Markt beugen. Unternehmen 4 sagte
aus, dass ein Wandel weg vom Fahrzeughersteller und hin zum Mobilitätsanbie-
ter zu beobachten ist, da der Kunde unterschiedliche Mobilitätsvarianten fordert.
Zudem existieren Einflüsse durch die Automotive-Elektrifizierung. Unternehmen
13 sah OEM untereinander im Wettbewerb und den Kunden als Entscheider, wer
Erfolg hat, indem dieser sein Fahrzeug bei einem bestimmten Anbieter kauft. Das
Auslagern von Bereichen an Lieferanten wird generell von den OEM als Feh-
ler betrachtet, der Qualitäts- sowie Geldeinbußen mit sich bringt. Unternehmen
13 schätzte Global Sourcing als den richtigen Weg ein, da lokale Beschaffung
Abhängigkeiten von einzelnen Ländern schafft. Dies wird durch den Krieg in der
Ukraine aufgezeigt.

„Wenn es deutsche Chiphersteller gäbe, würden die Leute trotzdem aus den
anderen Ländern beziehen, da einfach dort das größte Know-how liegt und wenns
irgendwo brennt, leidet die ganze Welt." (Unternehmen 13)

Mit dieser Aussage betonte Unternehmen 13, dass von solchen Krisen alle
betroffen sind und Schaden erleiden. Dennoch besitzen bestimmte Länder das
größte Wissen in ihren Kernbereichen, weshalb beispielsweise Halbleiterlösun-
gen nicht einfach imitiert werden können. Die Abhängigkeit hierbei lasse sich
jedoch durch Global Sourcing streuen, sofern mehrere Anbieter existieren. Probleme, die damit einhergehen, wurden durch Unternehmen 1 mit Insolvenzen
von Lieferanten, fehlenden Lieferungen und Produktionsausfällen betitelt. Unternehmen 1 erkannte im Gegensatz zu den anderen befragten Unternehmen in der
Finanzdatentransparenz und der Open Book Policy eine Lösung der Probleme
durch die Implementierung. Zwar haben OEM bei langfristig nicht lebensfähigen
Unternehmen ebenfalls den Hebel nicht in der Hand, jedoch können diese Probleme rechtzeitig identifiziert und behandelt werden. Unternehmen 4 sah darin

ein Element eines großen Ganzen, jedoch nicht den Schlüssel für die Lösung. Seiner Aussage nach kann dadurch das operative Geschäft optimiert und Profit gesteigert werden. Es müsse sich jedoch eher darauf konzentriert werden, den Kunden und seine Erwartungen zu verstehen und folglich dessen Bedürfnisse zu befriedigen.

Die Händler verorteten erneut den OEM an der Marktmacht. Laut Unternehmen 5 hätten sie die Macht, die Branche zu ihren Gunsten zu verändern. Sie agieren als Zentrale und entscheiden beispielsweise, ob Händler mit Fahrzeugen beliefert werden und welche verkauft werden dürfen. Unternehmen 6 erkannte Möglichkeiten, bei Ersatzteilen auf andere Lieferanten auszuweichen, jedoch besteht bei vielen Teilen eine völlige Abhängigkeit vom Fahrzeughersteller.

Es ist zusammenzufassen, dass hauptsächlich die OEM als mächtigste Teilnehmer in der Supply-Chain der Automotive-Industrie genannt werden. Viele der Befragten antworteten jedoch, dass durch Krisen und Fehlentscheidungen der OEM eine Machtverschiebung hin zu den Lieferanten erkennbar ist. Der OEM selbst stufte hingegen den Endkunden als mächtigsten Teilnehmer ein, da dieser die Kaufentscheidung trifft und somit bestimmt, welcher Fahrzeughersteller erfolgreich sein wird.

Diskussion

In Kapitel vier werden die Ergebnisse, die im Zuge der Geschäftsberichts-analyse und der Expert*inneninterviews gewonnen werden konnten, diskutiert. Zudem wird den Ergebnissen eine Bedeutung zugewiesen. Anschließend werden Handlungsempfehlungen abgeleitet und es wird auf die Forschungsfragen eingegangen.

Im Rahmen der Geschäftsberichtsanalyse wurden insgesamt 15 Unternehmen aus den gebildeten Kategorien ‚Rohstoff- und Teilelieferanten‘, ‚Modul- und Systemlieferanten‘ und ‚OEM‘ über fünf Jahre (2016–2020) hinweg betrachtet. Mit einem speziell dafür entwickelten Kennzahlensystem, angelehnt am Du-Pond-Schema und abgeleitet von Heesens Wertbeitragshierarchie, konnten Kennzahlen für Ertrag (Earnings on Capital Employed), Aufwand (Costs on Sales) und Erfolg (Success on Capital Employed) eruiert werden, um die einzelnen Kategorien miteinander vergleichen zu können. Die Unternehmen stammten allesamt aus dem deutschsprachigen Raum, da die Geschäftsberichte von Unternehmen mit vom Euro abweichenden Währungen oftmals inkonsistent waren und bereinigt werden mussten. Folglich wurden diese Werte neben dem operativen Cashflow und der Eigenkapitalrentabilität analysiert und das Resultat ergab, dass OEM mit ungefähr 7,5 Milliarden € den stärksten operativen Cashflow haben und zudem über die beste Eigenkapitalrentabilität verfügten. Dennoch konnten sie sich hinsichtlich des Erfolges mit einem Wert von 18,78 % lediglich im Mittelfeld einordnen. Am schlechtesten haben die Modul- und Systemlieferanten, die entlang der Lieferkette am nächsten zu den OEM stehen, mit einem Wert von 15,75 % abgeschnitten. Das beste Ergebnis hinsichtlich des in dieser Arbeit definierten Erfolges konnten Rohstoff- und Teilelieferanten mit 21,22 % erzielen. Daraus lässt sich ableiten, dass zunächst jene Unternehmen mehr Erfolg haben, die in der Supply-Chain am weitesten vom OEM entfernt aufgestellt sind. Der Erfolg in der Automobilindustrie wird je nach Position in der Lieferkette

© Der/die Autor(en), exklusiv lizenziert an Springer Fachmedien Wiesbaden GmbH, ein Teil von Springer Nature 2022
P. Dürnberger, *Empirische Analyse zur Gewinnverteilung in Supply-Chains der Automotive-Industrie*, BestMasters, https://doi.org/10.1007/978-3-658-39107-2_4

unterschiedlich dargestellt. Da es hierzu keine einheitliche Form gibt, wurde mithilfe des dafür entwickelten Kennzahlensystems Erfolg für die Automotive-Industrie neu definiert und angewendet. Somit lässt sich über die Struktur der Gewinnverteilung in der Automobillieferkette aussagen, dass die Rohstoff- und Teilelieferanten am erfolgreichsten waren, gefolgt von den OEM und den Modul- und Systemlieferanten.

Im Rahmen der insgesamt 16 durchgeführten Expert*inneninterviews konnte zudem herausgefunden werden, dass viele Unternehmen immer noch die OEM in der Marktmacht sehen. Es wird zudem unterstellt, dass in der Automotive-Branche etablierte Kontrollmechanismen, zum Beispiel Open Book Policy und Finanzdatentransparenz, von ihnen initiiert und durchgesetzt werden. Zur Übertragung von Informationen und Daten werden zum einen persönliche, direkte Kommunikationswege verwendet, zum anderen formelle, indirekte Wege in Betracht gezogen, sofern es um wesentliche Dokumente und Informationen geht. Der persönliche Kontakt wird von allen Befragten präferiert, jedoch wird von den Befragten berichtet, dass die Kommunikationsform vom OEM eher unpersönlich stattfindet, und dann immer persönlicher wird, je weiter sich vom OEM entfernt wird.

Über Plattformen werden zumeist Zeichnungen, Preis- und Mengeninformationen, Ausschreibungen und Geheimhaltungsvereinbarungen kommuniziert. Bei kritischen Informationen werden E-Mails geschrieben, Telefonate geführt oder Meetings einberufen. Dokumente, die eine offizielle Unterschrift erfordern, beispielsweise Entscheidungen oder Verträge, werden über den Postweg übermittelt. EDI-Anschlüsse werden den Expert*innen zufolge meist dafür verwendet, abzufragen, wann welche Güter wo sein müssen. Umfragen oder die Aussendung von Fragebögen wird regelmäßig durchgeführt, um die aktuelle Situation bei Lieferanten zu ermitteln. Die OEM und einzelne Lieferanten fordern zudem Finanzberichte und Kostenbreakdowns ein. Das hängt jedoch von der Größe ab und wie weit andere von diesen Unternehmen abhängig sind. Sicherheit wird zudem über durchgeführte Zertifizierungen übermittelt und Vorortmeetings werden beispielsweise angesetzt, wenn es um zentrale Themen geht beziehungsweise der OEM im Rahmen der Strategievermittlung an die Lieferanten herantreten will. Weitergegeben werden sollten hingegen zumindest Cashflow-Informationen und Daten zur Liquidität und zum Working-Capital, wobei diese Informationen nach Aussagen der Expert*innen selten herausgegeben werden. Operative Echtzeitdaten zur Überwachung des Geschäfts wie Produktionskennzahlen oder Lagerbestände sollten neben Kostenbreakdowns ebenfalls im Rahmen der Open Book Policy beziehungsweise Finanzdatentransparenz übermittelt werden. Abschließend sind Kennzahlen erforderlich, die die generelle finanzielle

Situation der Geschäftspartner darstellen und aufzeigen können, welche Kritizität dem Unternehmen zuzuschreiben ist.

Direkte Kommunikationskanäle:

- E-Mail
- Telefon
- Onlinemeeting
- Face-to-Face-Meeting
- Chatanwendungen am Smartphone

Indirekte Kommunikationskanäle:

- Anwendungen zur Datenverwaltung
- Plattformen zum Dokumentaustausch
- Briefe
- Umfragen
- CRM-Module
- EDI-Schnittstellen
- Gemeinsame IT-Infrastruktur (Server und Laufwerke)
- Managementreviews
- Reportings und Audits

Voraussetzungen hinsichtlich der Einführung von Open Book oder Finanzdatentransparenz werden von einzelnen Teilnehmern der ASC unterschiedlich bewertet. Hierzu wurde hauptsächlich die Einhaltung von Compliancerichtlinien genannt. Diese können zum Hemmer werden, wenn die Vorgaben ein Herausgeben von Informationen verbieten, sofern diese nicht bereits publiziert wurden. Darunter fällt zusätzlich der Aspekt des Datenschutzes. Das bedeutet, dass beim Geschäftspartner jeder Mitarbeiter und jede Mitarbeiterin Zugriff auf sensible Daten des Kunden beziehungsweise Lieferanten haben. Diese Daten sollten idealerweise nur beim Einkauf aufliegen. Zu den technologischen Voraussetzungen zählen unter anderem Themen wie die Abbildbarkeit eines Finanzberichts, wie er vom Partner erwartet wird, oder der Schutz vor Cyberangriffen. Qualitätsbezogene Voraussetzungen beziehen sich auf die Frage, ob Zertifizierungen bei Kunden beziehungsweise Lieferanten vorliegen oder positive Audits durchgeführt werden können. Vertragliche Voraussetzungen betreffen Geheimhaltungsvereinbarungen, die Art und Weise, wie Kalkulationen und Cost-Breakdowns durchgeführt werden, sowie eine Bilanzierung nach IFRS. Zwischenmenschliche Voraussetzungen meinen die Art und Weise, wie Geschäftspartner miteinander umgehen und kommunizieren. Wenn dieser Faktor nicht erfüllt ist, können Geschäftsbeziehungen oftmals komplett scheitern.

Grundsätzlich kann zwischen folgenden Kategorien unterschieden werden:

- Technologische Voraussetzungen
- Qualitätsbezogene Voraussetzungen
- Vertragliche Voraussetzungen
- Rechtliche Voraussetzungen
- Zwischenmenschliche Voraussetzungen

Im Zuge der Ermittlung von Chancen und Risiken durch die Einführung von Open Book Policy beziehungsweise Finanzdatentransparenz wird zunächst ausgesagt, dass der Wille zur Einführung davon abhängt, in welcher Marktstellung das Unternehmen sich befindet. In guten Stellungen besteht wenig Interesse, die eigene Situation offenzulegen. Generell wird bei den Chancen eine leichtere Durchsetzbarkeit beziehungsweise Argumentierbarkeit von Preiserhöhungen genannt. Hauptsächlich jedoch werden diese Tools als Schutzinstrumente im Rahmen des Risikomanagements betrachtet. Hiermit soll sich vor Lieferanteninsolvenzen geschützt werden oder diese sollen rechtzeitig erkannt werden, um entsprechend Maßnahmen setzen zu können. Einsparungspotenziale werden zwar leichter identifiziert, jedoch hängt es von der eigenen Macht ab, ob diese durchgesetzt werden können. Im Falle einer Veränderung der Lieferantenstrategie kann diese leichter erkannt werden und daraufhin in Diskussionen angesprochen werden. Zombifizierte Unternehmen, die teilweise lediglich aufgrund von Krisenförderungen überleben, können so leichter identifiziert werden, wodurch folglich ein Schutz der gesamten Lieferkette durch diese Transparenz entsteht.

Zusätzlich kann konstatiert werden, dass die operative und finanzielle Lieferantenstabilität und die Gewissheit über die Lieferfähigkeit beziehungsweise Versorgungssicherheit ebenfalls zu den Chancen zählen. Verhandlungen können ressourcenschonend durchgeführt werden, da schneller ein Ergebnis erzielt werden kann und so Zeit und Personal eingespart werden können. Die Ermöglichung von Best-Cost-Entscheidungen wird ebenfalls angeführt, da Preisveränderungen ermittelt und dadurch die Lebenszykluskosten besser eingeschätzt werden können.

Hinsichtlich der Risiken wurde angemerkt, dass in ertragreichen Bereichen höhere Gewinne durch Intransparenz erzielt werden können und die geopolitische Preisabhängigkeit mitunter eine Rolle spielt, wie Preise sich entwickeln. Hinzu kommen Länderunterschiede hinsichtlich der Bilanzierung und des Berichtswesens sowie fehlender Standards im Reporting und einer gewissen Intransparenz der Geschäftsberichte in Bezug auf die Verteilung der Gewinne und Verluste über die jeweils bedienten Geschäftsfelder. Ergänzend wird die Einschränkung der Transparenz durch die Compliancerichtlinien angeführt sowie die Gefahr, dass Kunden oder Lieferanten möglicherweise anfälliger gegenüber Cyberangriffen sind und dadurch sensible Daten angezapft werden könnten. Abschließend wird argumentiert, dass die zwischenmenschliche Einschätzung der Geschäftspartner und des Managementteams zu wenig Beachtung erfährt und dass Geheimhaltungsvereinbarungen vor der Datenweitergabe an Dritte nicht schützen, da hierüber zu wenig Kontrolle herrscht.

Chancen und Vorteile:

- Schutzinstrument vor Lieferanteninsolvenzen
- Leichtere Argumentierbarkeit von Preiserhöhungen
- Erkennung von Preisentwicklungen
- Erkennung der Lieferantenstrategie und dessen Entwicklung
- Identifikation von Einsparungspotenzialen
- Erkennung von zombifizierten Unternehmen
- Schutz der Lieferkette
- Transparenz der Lieferantenstabilität (operativ und finanziell)
- Gewissheit über Lieferfähigkeit bei Lieferanten
- Ressourcenschonende Verhandlungen
- Möglichmachung von Best-Cost-Entscheidungen

Risiken und Gefahren:

- Geringere Gewinne in ertragreichen Bereichen
- Mit schwacher Marktstellung sind Kostenreduktionen kaum durchsetzbar
- Geopolitische Abhängigkeit
- Länderunterschiede in Bilanzierung und Berichterstattung
- Intransparente Geschäftsberichte hinsichtlich Geschäftsfeldverteilung
- Fehlende Standards beim Reporting
- Compliancerichtlinien schränken ein oder verzögern Übertragung der Daten
- Cyberangriffe bei Kunden/Lieferanten machen das eigene Unternehmen angreifbar
- Geheimhaltung schützt nicht vor Weitergabe sensibler Daten
- Fehlende zwischenmenschliche Einschätzung der Geschäftspartner

Durch die methodische Anwendung der Geschäftsberichtsanalyse in Kombination mit den Expert*inneninterviews können Zusammenhänge zwischen der beobachteten Allokation des Erfolgs und den einzelnen Aussagen der Expert*innen identifiziert werden. Unternehmen der Kategorie ‚Rohstoff- und Teilelieferanten' sind nicht nur am erfolgreichsten entlang der Lieferkette, sondern gehen mit dem Teilen von sensiblen Daten restriktiv um. Aussagen zufolge sind sie in ihrer Position und der intransparenten Situation um sie herum in der Lage, Marktpreise zu verhandeln, anstatt sich auf Herstellungskosten zu verständigen. Hieraus ergibt sich für Supply-Chain-Manager der Automotive-Branche die Handlungsempfehlung, dass Open Book Policy und Finanzdatentransparenz nicht eingeführt werden sollen, da es weder das Vertrauen stärkt noch zum Erfolg des eigenen Unternehmens beiträgt. Im Gegensatz dazu wird durch Transparenz sensibler Daten ein negativer Einfluss auf den Unternehmenserfolg festgestellt.

5.1 Fazit

Auf Basis der Erkenntnisse, die im Rahmen der methodischen Auswertung dieser Masterarbeit gewonnen werden konnten, kann resümiert werden, dass Vertrauen entlang der Lieferkette oftmals unterschiedlich verstanden wird. Daraus resultieren unterschiedliche Anforderungen für eine potenzielle Einführung von Open Book beziehungsweise Finanzdatentransparenz. Diese Voraussetzungen können in technologische, qualitätsbezogene, vertragliche, rechtliche und zwischenmenschliche unterteilt werden und bestimmen so ein Gesamtpaket an Vorgaben, die erfüllt werden müssen. Hauptthema in dieser Hinsicht waren Ermöglichungen durch Compliancerichtlinien, da hierdurch oftmals Transparenz blockiert wird.

Die Verwendung von Kommunikationskanälen hängt von der Art des Inhaltes ab. Abhängig davon, welche Informationen entlang der Lieferkette kommuniziert werden sollten, konnte herausgefunden werden, dass zu unterscheiden ist, ob es sich um Finanzdaten, operative Daten oder sensible Dokumente beziehungsweise lediglich eine Bedarfsanmeldung handelt. Sofern ein Unternehmen als Top-5-Kunde bei einem Lieferanten gelistet ist, sollte dieses Zugriff auf alle Arten dieser Informationen erhalten. Vor allem bei Finanzdaten ist entscheidend, ob die Compliancerichtlinien einen entsprechenden Austausch zulassen. Hierzu wünschen sich Unternehmen idealerweise Echtzeitdaten, da vergangenheitsbasierte Informationen oftmals zu wenig Aussagekraft hinsichtlich zukünftiger oder aktueller Entwicklungen bieten. Operative Daten wie Produktionszahlen oder Lagerbestände, Cashflowentwicklungen sowie Hinweise über die Eigenkapitalrentabilität wurden von Unternehmen ebenfalls als aufschlussreiche Informationen genannt. Lediglich Detailzahlen zeigen jedoch kein Gesamtbild, weshalb auch aggregierte Kennzahlen gewünscht sind.

Open Book beziehungsweise Finanzdatentransparenz bietet Schutz für die
Teilnehmer der Supply-Chain. Lieferanten werden vor zu geringen Margen in
der Verhandlung bewahrt und Kunden können dadurch einerseits die Stabilität eines Lieferanten tracken und andererseits die Lieferkette rechtzeitig vor
Lieferanteninsolvenzen bewahren. Zombifizierte Unternehmen können hierdurch
ebenfalls besser identifiziert werden. Neben ressourcenschonenden Verhandlungs-
führungen werden Best-Cost-Entscheidungen als Potenzial genannt. Hinsichtlich
der Risiken wird in den meisten Fällen eine Einschränkung durch die eigenen
Compliancerichtlinien angeführt, die im Falle einer Implementierung von Open
Book zwingend überarbeitet oder angepasst werden müssen. Des Weiteren ergibt
sich in ertragreichen Bereichen durch Transparenz ein geringerer Profit sowie
die Ungewissheit, dass trotz der Geheimhaltungsvereinbarungen Informationen
an Dritte weitergegeben werden können beziehungsweise durch hohen Perso-
nalwechsel Informationen leicht zum Wettbewerb gelangen können. Ergänzend
wurde erwähnt, dass hinsichtlich der Berichterstattung oder bei der Übertragung
von Finanzdaten Länderunterschiede festzustellen sind, die durch fehlende oder
abweichende Standards auftreten. Dadurch kommt es zu Schwierigkeiten bei
der Verwertung dieser übermittelten Daten. Abschließend wurde argumentiert,
dass zwischenmenschliche Beziehungen oder die Charakteristik des Managementteams durch diese zahlen-, daten- und faktenbasierte Berichterstattung keinen
ausreichenden Stellenwert erhalten.

Im Rahmen der Geschäftsberichtsanalyse konnte eine Struktur in der Gewinn-
verteilung entlang der ASC ermittelt werden. Diese zeigt, dass Modul- und
Systemlieferanten den geringsten und Rohstoff- und Teilelieferanten den größten
Erfolg haben. Da aufgrund der unterschiedlichen Fertigungsstufen der einzelnen
Unternehmen keine einheitliche Art der Erfolgsdarstellung identifiziert werden
konnte, wurde hierfür eine eigene Kennzahlensystematik, angelehnt am Du
Pond-Schema und abgeleitet nach Heesens Wertbeitragshierarchie, herangezogen, um Erfolg darzustellen. Dies ermöglicht es, Personal- sowie Forschungs-
und Entwicklungsaufwendungen mit den international vergleichbaren Einnahmen
in Relation zu setzen.

Durch die Zusammenführung der quantitativen und qualitativen Forschungs-
ergebnisse konnte herausgefunden werden, dass jene Unternehmen, die vom
OEM zu weit entfernt sind und dadurch von dessen Kontrollmechanismen nicht
betroffen sind, erfolgreicher sind. Die Schlussfolgerung lässt sich darin begrün-
den, dass Rohstoff- und Teilelieferanten zumeist Marktpreise verhandeln und
nicht über Herstellungskosten sprechen. Somit lässt sich aussagen, dass Unternehmen als einzelne Teilnehmer in der Lieferkette erfolgreicher sind, wenn sie
Finanzdatentransparenz und Open Book Policy meiden.

5.2   Limitation

Da diese Art der Kontrolle und Transparenz hauptsächlich im Rahmen des Risikomanagements als Schutz für die Stabilität der Lieferkette eingesetzt wird, kann die vorangegangene Konklusion nicht vollständig für alle Teilnehmer entlang der ASC verallgemeinert werden. Zwar sind Rohstoff- und Teilelieferanten durch diese Intransparenz erfolgreicher, jedoch entsteht dadurch mehr Unsicherheit, was wiederum ein Risiko für die gesamte Lieferkette bedeutet.

Da im Zuge dieser Masterarbeit lediglich 15 Unternehmen über fünf Jahre hinweg untersucht wurden, kann sich durch eine Verlagerung auf andere Währungsregionen das Ergebnis verändern. Unternehmen mit Währungen wie US\$ und Yen wurden anfangs in die Untersuchung einbezogen, jedoch konnten aufgrund der inkonsistenten Geschäftsberichte nicht alle erforderlichen Kennzahlen ermittelt werden. Eine weitere Limitation ergibt sich in der Charakteristik der Expert*innen, die interviewt wurden. Diese kommen hauptsächlich aus deutschsprachigen Ländern, weshalb sich auch in dieser Methode der geografische Fokus aufs Ergebnis auswirken kann.

In die Geschäftsberichtsanalyse konnten aufgrund fehlender Geschäftsberichte keine Händler und Recyclingunternehmen aufgenommen werden. Auch bei den Interviews wurden weniger Händler und hauptsächlich Modul- und Systemlieferanten befragt, wodurch sich durch eine angepasste Stichprobe ebenfalls eine Veränderung in den Aussagen ergeben könnte.

Der Befragungszeitraum fiel direkt in eine Zeit voller Krisen. Befragte Unternehmen stehen seit Ende 2019 unter dem Einfluss der COVID-19-Pandemie. Zudem ereignete sich durch den Ukrainekrieg 2022 eine weitere Krise, die das Mindset und die Aussagen der Expert*innen entsprechend beeinflusst haben können. Aus den Interviews geht jedoch hervor, welche Unternehmen mit der Pandemie eher besser beziehungsweise schlechter umgehen konnten.

5.3   Forschungsausblick

Sofern dieses Thema im Rahmen einer weiteren Forschungsarbeit behandelt werden soll, kann hinsichtlich der Methode festgestellt werden, dass die Stichprobe einerseits im Hinblick auf ihren geografischen Fokus andere Länder und Kontinente einschließen könnte. In Bezug auf das Verhältnis der Expert*innenanzahl zwischen den einzelnen Kategorien lassen sich ebenfalls Optimierungen durchführen. Eine quantitative Umfrage ließe zudem die Untersuchung von Zusammenhängen zu und könnte somit die Schlussfolgerung aus dieser Arbeit bestätigen.

Der Reverse-Flow (Recyclingunternehmen) sowie die Kunden und Gebraucht-
markthändler könnten zudem in die Betrachtung aufgenommen werden, um ein
Gesamtbild zu bieten.

Im Rahmen der Befragungen wurde häufig auf Compliance eingegangen,
weshalb innerhalb einer juristischen Forschungsarbeit eruiert werden könnte,
inwieweit sich Open Book und Finanzdatentransparenz trotz einschränkender
Richtlinien durchsetzen könnten. Außerdem stellt sich in diesem Zusammenhang die Frage nach einer digitalen Umsetzbarkeit, um Echtzeitdaten zu Kosten-
und Finanzdaten rechtsgültig übertragen zu können. Zudem wurde auf die
unterschiedliche Wahrnehmung von Vertrauen eingegangen, die durch eine
verhaltensanalytische Forschungsarbeit näher betrachtet werden kann.

Literaturverzeichnis

Agndal, H., Nilsson, U. (2010): Different open book accounting practices for different purchasing strategies. In: Journal of Management Accounting Research. Ausgabe 21 (2010), Seite 147–166

Alenius, E., Lind, J., Strömsten, T. (2015): The role of open book accounting in a supplier network: Creating and managing interdependencies across company boundaries. In: Journal of Industrial Marketing Management. Ausgabe 45 (2015), Seite 195–206

Altmayer, E., Stölzle, W. (2016): Neue Impulse für das Controlling der Supply Chain. In: Controlling und Management Review, Ausgabe Sonderheft 2 (2016), Seite 42–49

Austria Metall AG (2016): AMAG Annual Report 2016, Ausgabe 1, Ranshofen: Austria Metall AG

Austria Metall AG (2017): Annual Report 2017, Ausgabe 1, Ranshofen: Austria Metall AG

Austria Metall AG (2018): Annual Report 2018, Ausgabe 1, Ranshofen: Austria Metall AG

Austria Metall AG (2019): Financial Report 2019. A MAGIC REPORT, Ausgabe 1, Ranshofen: Austria Metall AG

Austria Metall AG (2020): Financial Report 2020. On Track For Sustainable Growth, Ausgabe 1, Ranshofen: Austria Metall AG

Bayrische Motoren Werke Aktiengesellschaft (2016): Annual Report 2016. A New Era Begins, Ausgabe 1, München: Bayrische Motoren Werke Aktiengesellschaft

Bayrische Motoren Werke Aktiengesellschaft (2017): Annual Report 2017. We Are Shaping The Mobility Of The Future, Ausgabe 1, München: Bayrische Motoren Werke Aktiengesellschaft

Bayrische Motoren Werke Aktiengesellschaft (2018): Annual Report 2018. Milestones in Future Mobility, Ausgabe 1, München: Bayrische Motoren Werke Aktiengesellschaft

Bayrische Motoren Werke Aktiengesellschaft (2019): Annual Report 2019. Power Of Choice, Ausgabe 1, München: Bayrische Motoren Werke Aktiengesellschaft

Bayrische Motoren Werke Aktiengesellschaft (2020): BMW Group Report 2020. Our Responsibility. Our Future. Report on the BMW Group´s economic performance and ist ecological and social contributions, Ausgabe 1, München: Bayrische Motoren Werke Aktiengesellschaft

P. Dürnberger, *Empirische Analyse zur Gewinnverteilung in Supply-Chains der Automotive-Industrie*, BestMasters, https://doi.org/10.1007/978-3-658-39107-2

BASF SE (2016): BASF-Bericht 2016. Ökonomische, ökologische und gesellschaftliche Leistung, Ausgabe 1, Ludwigshafen: BASF SE

BASF SE (2017): BASF-Bericht 2017. Ökonomische, ökologische und gesellschaftliche Leistung, Ausgabe 1, Ludwigshafen: BASF SE

BASF SE (2018): BASF-Bericht 2018. Ökonomische, ökologische und gesellschaftliche Leistung, Ausgabe 1, Ludwigshafen: BASF SE

BASF SE (2019): BASF-Bericht 2019. Ökonomische, ökologische und gesellschaftliche Leistung, Ausgabe 1, Ludwigshafen: BASF SE

BASF SE (2020): BASF-Bericht 2020. Ökonomische, ökologische und gesellschaftliche Leistung, Ausgabe 1, Ludwigshafen: BASF SE

Baur, N., Blasius, J. (2019): Handbuch Methoden der empirischen Sozialforschung. 2. Vollständig überarbeitete und erweiterte Auflage. Wiesbaden: Springer Verlag

Biswas, B., Gupta, R. (2019): Analysis of barriers to implement blockchain in industry and service sectors. In: Journal of Computers and Indutrial Engineering, Ausgabe 136 (2019), Seite 225–241

Bozic, A., Heger, H.M. (2021): Supply Chain Collaboration within the Automotive Industry. An Exploration of Factors influencing Supply Chain Collaboration between Importers and Dealerships. Lund: Lund University: School of Economics and Management

Cannella, S. (2014): Order-Up-To policies in Information Exchange supply chains. In: Journal of Applied Mathematical Modelling. Ausgabe 38 (2014), Seite 5553–5561

Cannella, S., Framinan, J.M., Bruccoleri, M., Barbosa-Povoa, A.P., Relvas, S. (2015): The effect of Inventory Record Inaccuracy in Information Exchange Supply Chains. In: European Journal of Operational Research. Ausgabe 243 (2015), Seite 120–129

Centobelli, P., Cerchione, R., Del Vecchio, P., Oropallo, E., Secundo, G. (2021): Blockchain technology for bridging trust, traceability and transparency in circular supply chain. In: Journal of Information and Management. Ausgabe 59 (2021), Seite 1–14

Chirkova, A., Spiess, T. (2021): Organisationen von morgen: kundenorientierte Supply-Chain-Netzwerke. In: Journal für Wirtschaftsinformatik und Management. Ausgabe 13 (2021), Seite 40–46

Continental Aktiengesellschaft (2016): Annual Report 2016, Ausgabe 1, Hanover: Continental Aktiengesellschaft

Continental Aktiengesellschaft (2017): Annual Report 2017, Ausgabe 1, Hanover: Continental Aktiengesellschaft

Continental Aktiengesellschaft (2018): Annual Report 2018, Ausgabe 1, Hanover: Continental Aktiengesellschaft

Continental Aktiengesellschaft (2019): Annual Report 2019, Ausgabe 1, Hanover: Continental Aktiengesellschaft

Continental Aktiengesellschaft (2020): Annual Report 2020, Ausgabe 1, Hanover: Continental Aktiengesellschaft

Daimler AG (2016): Geschäftsbericht 2016, Ausgabe 1, Stuttgart: Daimler AG

Daimler AG (2017): Geschäftsbericht 2017, Ausgabe 1, Stuttgart: Daimler AG

Daimler AG (2018): Geschäftsbericht 2018, Ausgabe 1, Stuttgart: Daimler AG

Daimler AG (2019): Geschäftsbericht 2019, Ausgabe 1, Stuttgart: Daimler AG

Daimler AG (2020): Geschäftsbericht 2020, Ausgabe 1, Stuttgart: Daimler AG

Främling, K., Hinkka, V., Parmar, S., Tätilä, J. (2012): Assessment of Standards for Interorganizational Tracking Information Exchange in the Supply Chain. In: Proceedings of the 14th IFAC Symposium on Information Control Problems in Manufacturing Bucharest, Rumänien, Mai 23–25,2012

Gao, E., Sowlati, T., Akhtari, S. (2019): Profit allocation in collaborative bioenergy and biofuel supply chains. In: Energy Journal, Ausgabe 188 (2019), Seite 1–13

Gu, S., Guo, H., Su, Y. (2018): Research on Supply Chain Coordination and Profit Allocation Based on Altruistic Principal under Bilateral Asymmetric Information. In: Hindawi. Discrete Dynamics in Nature and Society. Ausgabe 1 (2018), Seite 1–15

Handfield, R. B., Bechtel, C. (2001): The role of trust and relationship structure in improving supply chain responsiveness. In: Journal of Industrial Marketing Management, Ausgabe 31 (2001), Seite 1–16

Heesen, B. (2020): Beteiligungsmanagement und Bewertung für Praktiker. 4. Auflage. Wiesbaden: Springer Verlag

Huang, S., Yang, J. (2016): Information acquisition and transparency in a supply chain with asymmetric production cost information. In: International Journal of Production Economics. Ausgabe 182 (2016), Seite 449–464

Kajüter, P., Kulmala, H.I. (2005): Open-book accounting in networks Potential achievements and reasons for failures. In: Management Accounting Research, Ausgabe 16 (2005), Seite 179–204

Kalsaas, B.T. (2008): Relationships In Supply Chains Analyzed as Principal-Agent Problems. In: APIEMS 2008: Proceedings of the 9th Asia Pacific Industrial Engineering & Management Systems Conference, Seite 2189–2198

Klöpfer, L. (2019): Ausschreibungsmanagement durch Anbieter-Teams. Strukturierter Personaleinsatz im Vertrieb internationaler Automobilzulieferer. Wiesbaden: Springer Verlag

Kolmykova, A. (2016): Supply Chain Integration. Entwicklung eines Integrators für die globale Supply Chain. Wiesbaden: Springer Verlag

Kreis, H., Wildner, R., Kuß, A. (2021): Explorative Untersuchungen mit qualitativen Methoden. In: Kreis, H., Wildner, R., Kuß, A. (Hrsg.): Marktforschung. 2. Auflage. Wiesbaden: Springer Verlag, Seite 51–64

Liu, K., Deshmukh, S. (2022): The Evolution oft he Multi-tier Supply Chains in the EU Automotive Industry Driven by Covid-19. Göteborg: Department of Technology Management and Economics. Chalmers University of Technology

Magerhans, A. (2016): Marktforschung. Eine praxisorientierte Einführung. 1. Auflage. Wiesbaden: Springer Verlag

Möller, K., Windolph, M., Isbruch, F. (2011): The effect of relational factors on open-book accounting and inter-organizational cost management in buyer-supplier partnerships. In: Journal of Purchasing and Supply Management. Ausgabe 17 (2011), Seite 121–131

Montecchi, M., Plangger, K., West, D.C. (2021): Supply chain transparency: A bibliometric review and research agenda. In: International Journal of Production Economics. Ausgabe 238 (2021), Seite 1–15

Moyano-Fuentes, J., Sacristan-Diaz, M., Martinez-Jurado, P.J. (2012): Cooperation in the supply chain and lean production adoption. Evidence from the Spanish automotive industry. In: International Journal of Operations and Production Management. Ausgabe 32 (2012), Nr. 9, Seite 1075–1096

Mutares AG (2016): Geschäftsbericht 2016. Konzernlagebericht und Konzernabschluss zum 31.Dezember 2016, Ausgabe 1, München: Mutares AG

Mutares AG (2017): Geschäftsbericht 2017. Konzernlagebericht und Konzernabschluss zum 31.Dezember 2017, Ausgabe 1, München: Mutares AG

Mutares AG (2018): Geschäftsbericht 2018, Ausgabe 1, München: Mutares AG

Mutares AG (2019): Geschäftsbericht 2019, Ausgabe 1, München: Mutares AG

Mutares AG (2020): Geschäftsbericht 2020, Ausgabe 1, München: Mutares AG

Ni, T. (2019): Supply Chain Relationship for Quality Management: Empirical Tests on Principal Agent Theory. Indiana: School of Industrial Engineering West Lafayette

Nikzad, M., Maryam, G. (2012): The relationship between open book management and trust with organization financial performance. In: Procedia Technology Ausgabe 1 (2012), Seite 340–344

Ponte, B., Fernandez, I., Rosillo, R., Parreno, J., Garcia, N. (2016): Supply Chain Collaboration: A Game- Theoretic Approach to Profit Allocation. In: Journal of Industrial Engineering and Management. Ausgabe 9 (2016), Nr. 5, Seite 1020–1034

Preiß, M. (2021): Treiber und Hemmnisse betrieblicher Effizienzmaßnahmen-Vernetzung als Erfolgsfaktor. In: Nachhaltigkeits-Management Forum. Ausgabe 29 (2021), Seite 93–106

Rahman, T., Taghikhah, F., Paul, S.K., Shukla, N., Agarwal, R. (2021): An agent-based model for supply chain recovery in the wake oft he COVID-19 pandemic. In: Journal for Computers and Industrial Engineering. Ausgabe 158 (2021), Seite 1–20

Reddy, K.R.K., Gunasekaran, A., Kalpana, P., Sreedharan, V.R., Kumar, S.A. (2021): Developing a blockchain framework for the automotive supply chain: A systemativ review. In: Journal for Computers and Industrial Engineering. Ausgabe 157 (2019), Seite 1–14

Robert Bosch GmbH (2016): Annual Report 2016, Ausgabe 1, Stuttgart: Robert Bosch GmbH

Robert Bosch GmbH (2017): Annual Report 2017, Ausgabe 1, Stuttgart: Robert Bosch GmbH

Robert Bosch GmbH (2018): Annual Report 2018, Ausgabe 1, Stuttgart: Robert Bosch GmbH

Robert Bosch GmbH (2019): Annual Report 2019, Ausgabe 1, Stuttgart: Robert Bosch GmbH

Robert Bosch GmbH (2020): Geschäftsbericht 2020, Ausgabe 1, Stuttgart: Robert Bosch GmbH

Romano, P., Formentini, M. (2012): Designing and implementing open book accounting in buyer-supplier dyads: A framework for supplier selection and motivation. In: International Journal of Production Economics. Ausgabe 137 (2012), Seite 68–83

Schawel, C., Billing, F. (2009): Top 100 Management Tools. Das wichtigste Buch eines Managers. 2. Überarbeitete Auflage. Wiesbaden: Springer Verlag

Schosser, J. (2019): Consistency between principal and agent with differing time horizons: Computing incentives under risk. In: European Journal of Operational Research. Ausgabe 277 (2019), Seite 1113–1123

Schwabe, J. (2020): Risk and counter-strategies: The impact of electric mobility on German automotive suppliers. In: Journal of Geoforum. Ausgabe 110 (2020), Seite 157–167

Singh, A., Teng, J.T.C. (2016): Enhancing supply chain outcomes through Information Technology and Trust. In: Journal for Computers in Human Behavior. Ausgabe 54 (2016), Seite 290–300

Sun, D.-Q., Ma, X.-Y., Wang, D.-J., Li, J.-J. (2019): Principal-agent problem for returns handling in a reverse supply chain with one manufacturer and two competing dealers. In: Journal for Applied Mathematical Modelling. Ausgabe 66 (2019), Seite 118–140

Sundin, E., Dunbäck, O. (2013): Reverse logistics challenges in remanufacturing of automotive mechatronic devices. In: Journal of Remanufacturing. Ausgabe 3 (2013), Seite 1–8

Treber, S., Lanza, G. (2018): Transparency in Global Production Networks: Improving Disruption Management by Increased Information Exchange. In: Procedia CIRP. Ausgabe 72 (2018), Seite 898–903

Tsamenyi, M., Qureshi, A.Z., Yazdifar, H. (2013): The contract, accounting and trust: A case of an international joint venture (IJV) in the United Arab Emirates (UAE). In: Journal of Accounting Forum. Ausgabe 37 (2013), Seite 182–195

Uras, B.R. (2020): Finance and development: Rethinking the role of financial transparency. In: Journal of Banking and Finance. Ausgabe 111 (2020), Seite 1–18

Volkswagen AG (2016): Geschäftsbericht 2016. Wir definieren Mobilität neu, Ausgabe 1, Wolfsburg: Volkswagen AG

Volkswagen AG (2017): Geschäftsbericht 2017. Gemeinsam den Wandel gestalten, Ausgabe 1, Wolfsburg: Volkswagen AG

Volkswagen AG (2018): Geschäftsbericht 2018. Mit Tempo in Richtung Zukunft, Ausgabe 1, Wolfsburg: Volkswagen AG

Volkswagen AG (2019): Geschäftsbericht 2019. Mobilität für kommende Generationen, Ausgabe 1, Wolfsburg: Volkswagen AG

Volkswagen AG (2020): Geschäftsbericht 2020. Die Zukunft in der Hand, Ausgabe 1, Wolfsburg: Volkswagen AG

Wacker Chemie AG (2016): Geschäftsbericht 2016, Ausgabe 1, München: Wacker Chemie AG

Wacker Chemie AG (2017): Geschäftsbericht 2017, Ausgabe 1, München: Wacker Chemie AG

Wacker Chemie AG (2018): Geschäftsbericht 2018, Ausgabe 1, München: Wacker Chemie AG

Wacker Chemie AG (2019): Geschäftsbericht 2019, Ausgabe 1, München: Wacker Chemie AG

Wacker Chemie AG (2020): Geschäftsbericht 2020, Ausgabe 1, München: Wacker Chemie AG

Windolph, M., Moeller, K. (2012): Open-book accounting: Reason for failure of inter-firm cooperation? In: Journal for Management Accounting Research. Ausgabe 23 (2012), Seite 47–60

Wu, I.-L., Chuang, C.-H., Hsu, C.-H. (2014): Information sharing and collaborative behaviors in enabling supply chain performance: A social exchange perspective. In: International Journal of Production Economics. Ausgabe 148 (2014), Seite 122–132

Yang, Y., Lin, J., Liu, G., Zhou, L. (2021): The behavioural causes of bullwhip effect in supply chains: A systematic literature review. In: International Journal of Production Economics. Ausgabe 236 (2021), Seite 1–18

ZF Friedrichshafen AG (2016): Geschäftsbericht 2016. Die Stärke zum Wandel, Ausgabe 1, Friedrichshafen: ZF Friedrichshafen AG

ZF Friedrichshafen AG (2017): ZF Geschäftsbericht 2017. One Company, Ausgabe 1, Friedrichshafen: ZF Friedrichshafen AG

ZF Friedrichshafen AG (2018): ZF Geschäftsbericht 2018. Next Generation. Mobility. For The Next Generation, Ausgabe 1, Friedrichshafen: ZF Friedrichshafen AG

ZF Friedrichshafen AG (2019): Geschäftsbericht 2019. Mobility Life Balance, Ausgabe 1, Friedrichshafen: ZF Friedrichshafen AG

ZF Friedrichshafen AG (2020): Geschäftsbericht 2020. Next Generation Mobility-Den Wandel beschleunigen, Ausgabe 1, Friedrichshafen: ZF Friedrichshafen AG

Zheng, X.-X., Liu, Z., Li, K.W., Huang, J., Chen, L. (2019): Cooperative game approaches to coordinating a three- echelon closed-loop supply chain with fairness concerns. In: International Journal of Production Economics. Ausgabe 212 (2019), Seite 92–110

Internetquellen

Kords, M. (2021a): Größte Automobilzulieferer nach weltweitem Umsatz in den Jahren 2019 und 2020. https://de-statista-com.ezproxy.fh-salzburg.ac.at/statistik/daten/studie/261918/umfrage/umsatzstaerkste-automobilzulieferer-weltweit/. Zugriff am 10.11.2021

Kords, M. (2021b): Automobilhersteller weltweit nach Umsatz im Jahr 2020. https://de-statista-com.ezproxy.fh-salzburg.ac.at/statistik/daten/studie/160831/umfrage/umsatzstaerkste-autokonzerne-weltweit/. Zugriff am 10.11.2021

CPSIA information can be obtained
at www.ICGtesting.com
Printed in the USA
LVHW020346060922
727600LV00009B/796